大展好書 好書大展

大展好書 好書大展

社會人智囊

46

口才必勝術

黃柏松／編著

大展出版社有限公司

序　言——磨亮這一把謀生和成功的利器

這本書一共分為三個單元。

●第一個單元：談的是強勁、攻擊的論辯術（第一～第五章），著重如何運用邏輯上的各種論辯秘訣。

●第二個單元：談的是浸透、軟攻的論辯術（第六章），著重如何運用「深層說服術」，使對方心悅誠服，甘拜下風。

●第三個單元：談的是攻心為上的論辯術（第七），著重如何運用心理戰略，求得每辯必勝的戰果。

三個單元各有特色，內容豐富、實用，可說是坊間獨一無二的論辯寶典。

這本書所說的「論辯」，包括了家庭生活中慣見的爭論，以及正式場合（例如：開會、企劃、宣傳、決策、銷售、交涉、談判等等）的討論、議論、辯論，涵蓋性相當的大。

「不得論辯」是腕力稱雄的原始時代，以及權力稱雄的封建時代才有的事。在自由民主的現代，話術的力量，可以決定一切的勝負——這絕不是過甚其詞。我們可以說，人人都高舉「話術」這個法所未禁的武器，天天在為開拓自己的前途，全力拼鬥。

話術就是說服術，也就是論辯術，在我們的社會，它是謀生和爭取成功最正當、最有效的武器。我們有必要把這個武器，磨得亮煌煌，利可穿甲。

誰都可以好好運用這個正當的武器，在創業、求知、待人、處世、經營、積富各方面，發揮潛能，大展其威，成為頂而尖的大人物。

手無寸鐵、囊中無錢的人，也不必悲觀，只要練就一套「攻無不克」的論辯之術，可以在各行各業脫穎而出，成為出類拔萃的成功人物。

這本「口才必勝術」，提供你這方面無往不利的眾多秘訣，會使你前後判若兩人，使你朝著成功大道而走。只要朝夕研讀，起而踐行，保證終生享用，獲益無窮。

目　錄

第二章　棋逢敵手，一決勝負

第三章　合乎邏輯的計劃和進攻術

第四章　如何消除「抬死槓」的局面

第五章　您適合那一種方式的論辯

第六章　論辯用深層說服術56訣

第七章 論辯必勝的49則心理戰略

第一章

攻勢凌厲和迎擊有方的言語

(1) 什麼是「利如剃刀」的言語？

——鋒利與否全看用法如何

序言說過，話術是法所未禁，又是我們處世最正當、最有效的武器。不錯，它是一般人最正當、最有效的處世武器，可要知道，這個武器就有眾多用法。也就是說，武器的種類不一而足，使用的方法當然各有不同，它的利鈍也因武器而異。言語何嘗不是如此？

如果對它的用法昏然不知，即使是傳家寶刀，也如同一把銹痕處處的鈍刀，發揮不了應有的效用。又，正如武器種類至多，我們的話語，有時候也像剃刀那樣雖小但快利無比，有時候也像長矛那樣，足可穿人胸脯。說到武器鋒利的情況，可真是各異其趣。

有的是可以廣為通用，其利如小刀；有的是足以把一個人斬成兩截，其利如武士刀；有的是可以把巨木兩斷，其利如鋸；有的是可以穿堅砍固，其利如斧。

例如，我們形容一個人明敏果斷，就說：「他呀，就像剃刀那樣，鋒利過人。」事實上，操剃刀，頂多只能裁紙、削筆或是刮刮鬍子而已。

要切、割、砍、斷巨大或是堅硬的東西，使用其小如剃刀的玩意，必不能遂願。拿武士刀來說，即使揮斬有術，面對參天巨木，怕也嘎嘎乎稱難。

砍巨木，就必須有鋸、斧那種鋒利，但是，若拿鋸、斧來刮鬍子，那就不對勁到了極點。

言語也是一樣，鋒利的情況參差不一，有的是利加剃刀，有的是利如武士刀，有的是利如斧頭，各有相異，就如人類的面貌，迥然各異。

至於哪一種鋒利才好，因各人的立場和工作場所的不同，而大有變化，不能一概而論。有一點倒是不能不知的，那就是：小不能兼大，但是，大可以兼小。

也就是說，剃刀不能砍巨木，斧頭卻可以裁紙、削筆（雖然使用起來格格不入，但是，終可達到裁、削的目的）。如此推論，當知言語的鋒利，與其是剃刀，不如是菜刀；與其是菜刀，不如是武士刀；與其是武士刀，不如是斧頭。

因為，使用斧頭可以完成較大的事，使用剃刀就無法完成較大的事。這也就是大可兼小，小不能兼大的道理。話是這麼說，如果利刀用法不當，武士刀也會變成其鈍無比的廢物，如果用法得當，剃刀小則小矣，卻能發揮鋒利超過武士刀的效用。總而言之，武士刀也好，剃刀也好，要是不鋒利就百無一用，完全失去了它們本來的價值。

說到這兒，就有必要先解釋：「什麼才是鋒利的言語？」了。

(2) 寸鐵可以致人死命

——話若使用過多效果就減半

刀劍等帶刃的東西，如果久不使用就紅銹處處，變成其鈍無比的廢物。同理，言語如果久不使用，嘴巴就生銹（拙於言說），變得無法暢所欲言。

經常說話的人，腦筋就給磨練得逐日大進，天生的鈍刀（不快的刀）也會變得銳利無比。話說回來，言語如果使用過度，也會遭到麻煩，俗語不是有句「過猶不及」嗎？這就是說，言語若使用過度，效果反而大減。

「寸鐵可以致人死命」這句話，指出了：「話若簡勁，但悍氣十足，就會產生莫能抵擋的效果」這一層道理。言語的用法是否允當，就要從這一點來衡量。

一言以蔽之，話要用得恰到好處，對這，一般人平時都懂得留意在心，在此不必贅言。

比這更要緊的，倒是發為言語的時候，腦筋如何與之配合，使之產生最高的效果。因為，同樣是一把刀，如果技巧奇劣，原是可以一砍兩斷，卻變成數砍不斷，如果技巧奇佳，原是數砍不斷，卻變成一砍兩斷——就會發生這種意外的事。

練過功夫的人，可以用紙捻兒（搓紙而成的繩索狀物）把木筷子劈為兩半。又如，修行者可以在刀口上，從容踏過，腳心卻一無損傷。也就是說，柔軟如紙也可以用來劈木，銳利如刀口，有時候也無法傷及腳心。

這個比喻，指明了一層道理：

平時明敏果斷、腦筋奇佳的人，有時候也無法暢言心中所想的十分之一的事。又，平時拙於言辭，說起話來結結巴巴的人，有時候就會突然滔滔而言，大展辯才無礙的一面。這種現象到底是因何而起？

(3) 攻擊的話、迎擊的話

——撼人心魄和摧垮論點的力量

一個人就算腦裏打轉的是無與倫比的好構想，要不是把它變成言語向別人述說，或是透過文筆向別人說明，再好的靈感、構想也會胎死「腦中」，不了了之。

也就是說，到頭來等於零。更可以說，管他聰不聰明，要是表現技巧是零，他就無法把所思、所想，恰到好處地表現出來。拙嘴笨腮的人，吃虧就吃虧在這裡。

又，並不是拙於口舌，但在某些時間、某些場合，無法暢言心裏想說的一半話，論結果就等於「擁有寶物卻白白糟塌」，實在令人惋惜。

拙嘴笨腮，或是言語不足，就這樣使鋒利無比的腦筋，無用武之地，無異持有不發火的子彈，中看不中用。總歸一句話，「說」這回事，扮演了決定性的角色，著實不能小看。

言語分為兩大類，其一是攻擊的，另一是迎擊的。

兩者同樣是武器，但是，攻擊的時候必須具有撼動對方心魄之力；迎擊的時候必須且有摧毀對方論點之力，否則都難以成功。當彼此相談，發展成爭論的局面，這時候，足以左右大局的，與其說是巧於言辭，或是拙於言辭，不如說是腦筋是否轉變靈敏，應付有術。

什麼時候該使出怎樣的招數，下面將逐項詳述，這兒特別要提醒各位的是：「擁有言語這個武器的人，他精神上的架勢如何」，便是決定勝負關鍵的事實。

一個人，當他持著武器而鬥，必須在精神上有何準備？有何架勢？以言辭跟別人對決之時，就非有同樣的心理準備不可。缺了它，你只有曳甲而奔棄刀而逃。

(4) 心理準備重於巧用言辭

——跟劍聖之心相通的真刀比賽

古時候，那些一劍浪跡江湖的劍客，跟敵人白刃相交時，到底抱著怎樣的心境，出生入死？

在日本，婦孺皆知的劍聖——宮本武藏，之所以練到劍心合一，不曾落敗，完全是傾注全副精神，修練「克敵之前，先克己」的秘技所致。他把「克己」看得比如何用劍更為重要，這是眾所周知的事。所謂克己就是「戰勝自己」，也就是「莫輸給自己」，拿現代心理學的說法，輸給自己的狀態就叫做「心理的內攻」。

以一般的說法，「內攻」就是喪失鎮靜，或者說「膽怯」——站在人前就渾身不對勁，譬如，冷汗直流、語無倫次、全身哆嗦、滿臉通紅之類——這是我們在日常生活中，屢次經驗的事。

有些人在宴席上致詞（table speech），突然擠不出半句話來；或是心一慌，說得支支吾吾，腋下冷汗直冒；有些人在情人面前就臉紅耳熱……。這就是心理上奇妙的風暴現象。

這種心理的風暴，到底是緣自何物？原因何在？

(5)使腦筋不再明敏的障礙物

——心一慌還能決什麼勝負

心理上的內攻，是怎樣一個狀態？為什麼會發生這種現象？我們常常說：「唉，心一慌，兩眼就發黑。什麼都說不出來了。」

這個「心一慌（膽怯）」，就是心理上遭到內攻時候的狀態之一。那些膺選為奧運選手的運動驍將，身健力壯、神經強韌，往往也因怯場而無法使盡平時的本領，遑論凡人如你、我？由此可見，心理上的內攻現象，可說是人類無法避免的弱點。

腦神經愈發達的人，內攻的程度就愈甚。我們常說，某某人神經太粗，某某人神經太細，這不是說神經真有粗細之分，而是指它的遲鈍（神經粗）、銳敏（神經細）而言。

遲鈍則表示腦神經的傳達速度緩慢，銳敏則表示腦神經的傳達速度快捷。

神經敏銳而又具有足堪匹配的大腦，那就最為理想。問題就在，一般人的情況，是神經敏銳，但是大腦的作用無法與之並稱，因而惹起神經質、過敏症之類的精神障礙。

運動選手之所以必須具備敏銳的神經，以及強韌的頭腦，道理就在這裡。

即使體格很棒，若缺少敏銳的腦神經，這個人充其量只能從事勞力為主的工作，不可能成為拔尖出眾的運動選手。敏銳的神經，且有促使肌肉快捷因應的好處，同時，更具有壓倒大腦的負面——這種現象就是所謂的「心理上的內攻」，亦即前面提起的「心會慌」、「人會怯場」。

平時，我們即使無所感覺、無所思考，不，甚至沈沈而睡之時，大腦也在「不隨意」地活動。這種意識活動，只有撒手而亡的時候才會停止。也許，妳會反問：

「睡覺時意識不是消失了？」

錯了，即使入睡，大腦還是自顧自地做夢，不斷活動著呢。或者你又要辯說：

「我並不做夢，這不就表示睡覺時意識暫失嗎？」

你又錯了，「不做夢」事實上只是「不記得做過夢」罷了。即使做了一火車的夢，要是清醒之後不復記憶，論結果實在很像未曾做夢，事實上，這是一種錯覺。也就是說，你「睡得很沈，沒做過夢」，追根究底絕非「未曾做夢」，你只是對做過的夢「不復記憶」而已。

由於某種衝擊而昏厥，或因麻醉而昏睡時，情況亦如出一轍。簡單的說，睡眠就是指截斷了你身心之間的關係這種狀態而言。

你的心靈由於不再受神經和大腦的支配，得以鼓翼翱翔於意識這個無邊無際的世界。這就是道道地地的「夢」。

當妳將醒未醒，心靈又受到大腦的支配，那一部份的愛就此烙印在大腦。當你完全清醒，事後你就把它當做「夢」來回憶。如此說來，你認為「我做了什麼夢」的那個「夢」，說穿了，只是所有夢境中的一小部份而已。對這一番說明，想必你不會遽而置信。

你一定辯說：「哪有這等事？這麼說，睡眠云云，不就毫無效用了？累極而睡，卻整晚還在做夢，腦筋哪有歇息的時間？」

這一點，你倒可以放一百個心。夢，是大腦最小限度而且是不隨意地活動的狀態，性質上跟由生到死從不休息的肺臟、心臟的作用，毫無兩樣。

所謂「頭腦感到疲累」，不是由於它在肆意活動，而是由於人的心逼使它活動過度所致。

有一種檢查頭腦機能的儀器叫做「腦波檢驗器」，用它測驗頭腦機能的強度，您將發現即使是熟睡的時候，每秒鐘仍會出現兩三次有規則的腦波。把受測的人喚醒之後，您將發現腦波會突然增為每秒鐘多達十到十五次。

要是讓受測的人參與討論，使之思考，腦波就呈現每秒鐘約莫起伏三十次的小波狀。

這件事證明：人，不管睡得有多沈，大腦還是活動如故，也就是說，大腦在任何時刻都有所意識。

睡眠時候的腦波，跟思考時候的腦波，兩者相差十倍以上，這表示睡眠中的頭腦，把機能降低為十分之一，這個用意並非趁此消除疲勞，而是趁此貯存精力。

人一旦死亡，腦波就不復出現。這就是說，頭腦的機能即使在昏厥或昏睡、熟睡之時，還能保持平時十分之一的作用。

(6) 情感被激思緒就紛亂無序

——當你無法抑制情感的迸瀉

情感被激，跟「心慌」到底有什麼關係？答案是大有關係。

刑警問案時使用一種工具，叫做測謊器。說穿了，測謊器就是腦波檢驗器。

在嫌犯身上安裝這種器具後，向他發出一連串的問題。要是據實而答，頭腦就無須太思考(可以順口一一回答)，所以，腦波也徐徐地、有規則地出現，要是稍動腦筋打算說些有違事實的話，或是因猶豫而腦筋一片混亂。或是急於逃出那種困境而心焦意亂，腦波就突然呈現凌亂不已的小波狀。

刑警就根據腦波的走勢，判斷所言是真是假。對膽壯而且厚顏無恥的人使用測謊器，並不管用。因為，他會從容撒謊，腦波也測不出真假。心慌意亂的時候，也會產生與此雷同的現象。心慌或怯場，指的是頭腦如脫韁之馬，肆意活動，使人抑制無方的心理狀態而言。

人的意識很複雜，它包括了緣自性格的眾多情感、慾望、思想，它們不斷交織，時而浮現，時而消失，片刻不得安寧。這種不隨意地活動的頭腦機能，一旦受到某種震盪或刺激，突然劇烈高漲時，想使出另一種頭腦的作用來壓制，或是驅除，便已無能為力。

這時候的腦波，就很可能高達三十次了。

(7) 從消除「懼意」著手

——心慌就說不出想說的一半話

從體質上說，容易心悅、怯場的人，腦神經都異常敏銳，始終處於緊張兮兮的狀態下。除了睡眠的時間，神經就像樂器的弦，終日繃得緊緊地，只要稍一觸及，就「樂聲」大起。對外界的刺激，反應之敏、之快，一至於此，其緊張的程度實在不難想像。

這種人，只要是眼之所見、耳之所聞、手之所觸，對外界來的一切刺激，無不敏感地把捉，攪得頭腦得不了片刻的安寧。更糟的是，經常給不著邊際的心思，綁得逃逸無術。

看他的外表，猶若無所思，其實，內心卻有各種情感，像颶風那樣直颳不歇。這一型的人，在談話、看電影（把注意力集中於某件事）之時，反而能夠使腦筋不至於太勞累。

由於神經和頭腦，對外界的刺激太敏銳，使他應付無策，所以，即使靜靜地坐在那兒，腦裡還是雜念如雲，湧現個不停。

拿帶刃的東西來譬喻，這種人就像剃刀，明敏果斷之處，旁人無可企及，可是，臨到必須有所行動，往往緊張過度而心慌、怯場，發揮不出平時的一半能力。

是不是陷入這種狀態，只要請他起而說話，便可瞭然。這種人，靜坐思考總會發揮超眾的能力，可是，要他啟口陳述，卻說不出想說的一半話來。

這就是說，神經的緊張帶來的內攻（內向）狀態，逼使他的鋒利氣勢，蕩然喪盡。由此可知，內向型的性格，對一個人的起而談說，有莫大的阻梗作用。

話是這麼說，內向這種性格，絕非壞事。

內向型的人，多的是天性良知、戒心強、肯檢省、富於智性，所以，為人內向，並不可恥。

內向性特別大的人，如果以詩人的身份渡其一生，還不至於怎樣，否則，要在生存競爭日趨激烈的現代社會活下去，由於拙於話術，表現力大打折扣，無法發揮鋒銳腦力的神威，損失之大可真是無可測度。你的「內向度」到底有多少？對這，實在有必要測試一番，進而對症下藥，使你的弱點一掃而光。

內向的心理狀態，一般說來，人人皆有無一例外。論神經之強，當推運動選手為最，可是，連他們也會遭到它的暗箭而無可如何，可見一般人如不患這種毛病，豈不成了咄咄怪事？

問題是在，內向的程度如何。最極端的「內向性」足以使人患上臉紅症、失語症（不能說話）、恐懼症、自殺症之類的弊害，所以，有必要在症狀仍輕之時趁早矯治。內向的心理作用，一般人無一倖免，不同處只在程度的大小而已，由此產生了性格上的各種差異。內向度少到極點的人，加上各自的人性，有可能成為：

①輕薄、虛偽的人。

②可厭、可憎的人。

③卑鄙、下流的人。

④偉大的天才。

內向性少到極點固然不好，太強了對一個人也會造成負面，有必要痛加改善。

且來調查你的內向度究有多少。請回答下面的問題。回答之前請注意：

●每一條問題都有1到5的答案，想清楚之後，才在你認為最相近的號碼上做個○。

●回答時要完全摒棄善惡的判斷、利害關係、個人的意見。怎麼想就怎麼答。這些問題不是要您「思考後回答」，而是單憑剎那間的感覺去回答。

●這些問題並沒有所謂是好是壞的意義，所以，務必老實作答，否則將無法做正確的診斷。

●如果答案是介在兩題之間，就在兩題號碼之間做個○，結論便更趨正確。譬如，覺得答案是在3和4之間，就在3和4之間畫個○，在○裡面填上3.5。答案若在1和2之間，就在1和2之間畫個○，○裡面填進1.5。

內向性診斷測驗

一、您是個會說笑的人嗎？

1. 我覺得那是無聊透頂的事，所以「絕少」說笑。
2. 沒那種興緻，所以很少說笑。

3.興緻大好就偶而說說。
4.覺得有趣，偶而說笑逗人。
5.覺得有趣，經常說得一座人開懷大笑。

二、您是不是為以後（將來）的事操心不已？

1.極為操心，無法樂觀處之。
2.與其說免不了有些操心，莫如說悲觀成性。
3.任何情況下，既不悲觀也不樂觀。
4.不怎麼操心，毋寧是說樂觀成性。
5.毫不操心，樂觀得大夥都笑我真夠悠閒。

三、您能夠對著別人暢所欲言嗎？

1.實在沒辦法，所以儘量緘默不言。
2.興緻一來就開口，但無法暢所欲言。
3.興緻一來就暢所欲言，但絕不是經常如此。
4.任何時候都能暢所欲言，說話這件事並不會難倒我。
5.出口成章，所以無法不啟口。

四、您認為比四周的人出色嗎？

1.絕不敢做此想。毋寧是說，自認為不如別人。
2.不以為不如人，但更不認為強過別人。
3.有不如人的一面，但也有比人出色的一面。
4.認為比別人相當出色。
5.無論從哪一方面來比，都覺得超過別人多多。

五、您跟異性打交道是不是容易打成一片？

1.跟意中人在一起，也無法打成一片。
2.跟意中人在一起，勉強可以融洽聊談。
3.跟意中人在一起，可以毫無隔閡地相處。
4.可以跟認識的異性搭訕，也能打成一片。
5.跟任何人都能從容交談，打成一片。

六、您做任何事都慎重到家？

1.大夥都說我是個冒失鬼，魯莽而缺乏注意力。
2.還不至於顧前不顧後，但精神散漫，為人輕率。

3.不算挺慎重，倒也懂得因時地而提高警覺。
4.萬事慎重，自認為尚能戒慎戒懼。
5.慎重到極點，凡事都要數思而行。

七、您是淨講道理的人嗎？

1.喜愛乾脆，不堅持說理。
2.諸事不窮根說理。
3.有興趣或有必要的事，會思考原因或結果。
4.有任何事都愛說理的傾向。
5.任何事都愛據理思考。

八、您是輕易洩露心事的人嗎？

1.一經相識，任何事都憋不住，立刻把心事和盤托出。
2.只要是朋友，無不據實而說。沒有所謂的秘密或是外交策略。
3.即使是朋友，於己不利就不說。略有祕密和策略。
4.即使是朋友，除非逼不得已，絕不坦白訴說。
5.除非事態挺嚴重，縱然是親友也絕不透露心事。

九、別人違法時您作何感想？

1.視若與己無關。對任何大壞事都視如未見。

2.認為這是難免的事，所以不太在意。

3.視違法的內容偶而怒不可遏。

4.任何違法的事都使我無法忍受。

5.再小的違法事件，都使我忿然大怒。

十、說明複雜的事，您會引例而談嗎？

1.絞盡腦汁也辦不到。

2.得花點功夫去思考，否則殊難辦到。

3.用心思考之後，就能應付。

4.略加思考就做得到。

5.任何時候都能機敏應變，毫不費力。

評分的方法

寫好了答案，就請你把答案號碼一一填入下表中的項目中，算出總分。

內向性診斷用計算公式

	(答案號碼)		(小　計)
有關 1 的問題	(　　)	×6 ＝	(　　)
有關 2 的問題	(　　)	×5 ＝	(　　)
有關 3 的問題	(　　)	×4 ＝	(　　)
有關 4 的問題	(　　)	×3 ＝	(　　)
有關 5 的問題	(　　)	×2 ＝	(　　)
		●正數部份總計	(　　)
	(答案號碼)		(小　計)
有關 6 的問題	(　　)	×6 ＝	(　　)
有關 7 的問題	(　　)	×5 ＝	(　　)
有關 8 的問題	(　　)	×4 ＝	(　　)
有關 9 的問題	(　　)	×3 ＝	(　　)
有關 10 的問題	(　　)	×2 ＝	(　　)
		●負數部份總計	(　　)

內向性得分＝(正數部份總計)－(負數部份總計)

(　　)＝(　　　　)－(　　　　)

總分有兩種，一是「正數總計」，一是「負數總計」，把兩種總分相減，得到的數字就表示你的內向性有多大了。

結果若是「負數」，就表示內向度，若是「正數」就表示外向度。數字則表示內向、外向的程度。負數一百分是最低分數，正數一百分是最高分數，若是正負相減，等於零，那就表示您具有最均衡的內向性。你的得分到底是多少？如果得分是正數，表示你是外向型，得分若是負數，表示你是內向型。

可要知道，這個數字表示的，是源自你頭腦的機能，也就是來自性格的內向度。人除了來自性格，還有來自體質的內向度。如果，來自體質的內向度是負數，那麼，來自性格的內向度就愈高，正數的話就減低。

所以，你必須再接受「體質分類測驗」，否則無法得到內向度精確的評價。

體質分類測驗

你的身體到底符合每個項日中的哪一種？請把最接近的答案，從ＡＢＣ中擇一畫個○。

1. 臉形
A 雙頰消瘦，接近蛋形。
B 顴骨突出，成為方形。
C 頰豐肉實，接近圓形。

註：如果無法決定為A、B、C中的任何一種，可以在最接近的兩種上面畫○。譬如，顴骨突出，又是蛋形；在蛋形和方形之間；在蛋形和圓形之間。但是，擇二為答時，只能畫個半圓(D)。

2. 臉色
A 接近蒼白（青黑則各在A、B畫半圈）。
B 接近茶褐色（紅黑則各在B、C畫半圈）。
C 略微泛紅（白皙則各在A、C畫半圈）。

3. 頭形
A 額部寬高，頭上寬廣。
B 額部略小，眉部突出，頭上略高成方形。
C 額部平常，頭上不高不低，約略成為圓形。

4. 頭髮
A 柔細、稀少。
B 又硬又粗又多。
C 都不是。很平常。

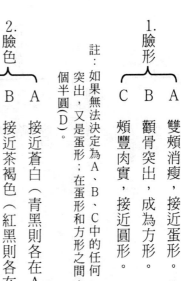

5. 身高
A 跟一般人相同(約一六〇公分)。
B 比一般人高(約一七〇公分以上)。
C 比一般人矮(約一五〇公分以下)。

6. 肩寬
A 溜肩膀兒,略小。
B 成方形,略寬。
C 略呈圓形(普通型)。

7. 胸部
A 略小。
B 略大
C 普通

註:身高的一半約等於胸圍A,所以,比A多五公分以上就是C,十公分以上就是B,約在中間就成為B、C或A、C(在B、C或A、C畫半圈)。

8. 腹部
A 小而細。
B 普通。
C 大而圓。

9.四肢
A 四肢修長，手指、腳趾普通大小。
B 四肢結實，手指、腳趾略大。
C 四肢略圓，手指、腳趾小而細。

註：這一項極可能有兩個答案，例如，四肢是A，手指、腳趾是C之類。手指表示手脖子到指尖，腳趾是指腳脖子到趾尖。

10.肌肉
A 肌肉瘦小，全般看來屬於消瘦型。
B 肌肉結實，全盤看來不瘦也不胖。
C 肌肉又柔又厚，全盤看來屬於肥胖型。

註：這也有中間型的，譬如，肥胖而肌肉結實就是B、C，消瘦但肌肉結實就是A、B，消瘦但肌肉肥胖就是A、C。

回答上面的各條問題後，看看得了多少〇。

一個〇是一分，半圓（D）是〇・五分。把各項加起來應該共得十分。

（體質診斷得分表）

A項（　　　）分

B項（　　　）分

C項（　　　）分

＋

合計　10　分

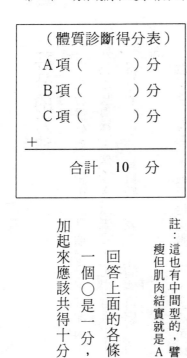

評分的方法

完成體質分類測驗後，B項得分不計在內，將A項得分列為負數得分，C項得分列為正數得分，然後A減去C，將得分乘以十倍，就是你來自體質的內向度了。得分的結果若是負數，表示你的體質屬於內向，若是正數就表示你的體質屬於外向。

數字表示強度，最低是負數一百，最高可以是正數一百，零是標準分數，表示既不是內向，也非外向。

把這個數字和前面算過的性格內向度的數字，加起來除以二，那個答案就是你最精確的內向度得分。請參照下面的公式：

（性格上的內向度：正數得分總計－負數得分總計）（體質上的內向度：（負數A項得分－正數C項得分）×2）

{正數得分總計－負數得分總計＋（負數A項得分－正數C項得分）×2}÷2＝？

大致說來，正數（外向度）得分在二十分，負數（內向度）得分在二十分以內，就不至於有害，若是超過這些限度，得分是正數的人，就有輕浮、虛偽的傾向；得分是負數的人，就有陰鬱的傾向。如果負數得分在四十分以上，表示會招致種種精神障礙，可得小心。

備註

為什麼我們要繞大彎，做這種囉囉嗦嗦的計算？因為，有些人體質上雖然是內向型，性格上卻屬於外向型，更有與此完全相反的人。

體質上爽朗而且充滿生機的人，如果性格上屬於陰鬱型，就有可能突然悶悶不樂，一變而為消極的人。

這種人由於性格和體質無法維持均衡，常有出人不意，令人想不透的行為。

所以說，即使弄清楚了性格上的內向度，還不算周全，有必要也診斷出體質上的內向度，尋出它的力量使性格上的內向度增強多少，或是對性格上的內向度，發生了什麼程度的剎車作用。不繞大彎來計算，這些精確的數字是無從出現的。

(8)當著別人面前嘴巴就不聽使喚

——先消滅這傢伙再說

現在，各位已經知道自己的內向度究有多少了，繼續要談的，是究竟如何治癒內攻的症狀？心慌而怯場，是內向性症狀之一。不但在運動上，在任何時間、地點都會發生使人心焦不安的現象，這就是內攻的特徵，而這種狀態一旦變成慢性，我們就稱他為內向性的人。

患這種症狀的人為數至多。譬如，在宴會或聚會上，由於緊張而擠不出半句話；當著別人面前就滿臉漲紅、氣促口乾，恨不得早早腳底抹油——種類之多，不勝枚舉。這種內向狀態來自三方面：

①由於極度緊張而發生。

②由於慾望未遂，得不到滿足而發生。

③由於精神無法保持均衡而發生。

因極度的緊張而來的內向症狀，包括前面提起的心慌、膽怯以及臉紅症、失語症等等，都屬於激烈的心理狀態，有這種症狀的人，一定要設法矯正才是。

需求不得遂，不滿之情就形成情緒上的聚縮現象，蟠踞腦中跟理性激烈拼鬥，逼得頭腦焦躁終日，時日一久就產生內向症狀，變成不易自拔。

碰到這種情況，最好替不得遂的慾望找個洩口，使之發散於外，內向狀態才能一掃而光。

外向型的人，即使慾望不遂，卻在不滿之情未聚縮作祟之前，懂得轉變氣氛，將那些需求之念一股腦兒放瀉，所以，經常心境開朗，日日如春。

這兒所提的慾望未遂的不滿，並不是指食慾、性慾、物慾而言。受這些慾望的支配，產生進退維艱的現象，即使是外向型的人也難以倖免，所以，不能稱它為內攻心理。

從慾望未遂的不滿而來的內向，是說經常牽掛自己拙嘴笨腮、處處不如人，身體病弱等等的事，因而不敢言所欲言，行所欲行，且在欲言、欲行之前，就把它抑壓在心。

這種內向型的性格，如不及早矯正，對個人的為害，頗為驚人，實在不能等閒視之。因此，我們把這種內向狀態，又稱為「負面的內向性」。

(9) 那傢伙充其量不過如此

——不讓別人看穿這個弱點的秘訣

跟「負面的內向性」相反的就是「勝面的內向性」。有此傾向的人，他們慾望未遂的不滿，不會轉成自卑感那種內向，而是有強烈的自省心理，或是頗有良知，或是謹而慎之，在說出或做出一件事之前，都會細加推敲。因此，言談之時，徐緩而進；行動之時，也穩紮穩打。

這是良性的內向狀態，內心充滿了省察之念、自制之意，但求發揚光大，不必有所改變。也就是說，絕不是受「不隨意的抑壓」而起，而是起於自動的抑壓。

負面的內向，使一個人在日常生活上，能力大受限制，工作上也出現諸多紕漏，無法對外做「自我宣傳」。

從這個意義上說，若把這種內向性轉向外界發展，倒可以成為開發人才的一種途徑。有一種人常被嗤之以鼻地說：

「那廝，哼，充其量也不過是那種料子，怎能大成？」

「那廝」指的是外向型的人，由於把自己的內涵，無所遺漏地傾洩而出，才這樣被看得透透。與此相反，外表看來衰弱無勁的人，如果與之深交，或促膝而談，你往往會發現他們資質超眾，這種例子屢見不解。把這種內向型的人，設法使他毅然挺身而出，這個社會由於他們的參與，必然變得更光明、更進步。

⑽ 攔住橫衝直撞的議論

——但，該說不說就弊害無窮

內向是由於心理上的拼鬥而起的現象，它的有助於人，是從事哲學之類思考為重的研究工作之時；它的有害於人，是與人有所交談之時。

當某件事有害於自己，他本人對這也有所自覺，想設法矯正它，無奈，事與願違，總是無法如意。人類的弱點，為人之難，在此暴露無遺。

任這種弱點慢性化的現象，我們就稱之為膽怯、靦腆、卑屈，進一層分析，不難發現這大多是來自性格的不均衡。所以，只要究明不均衡之所在，將它埋葬，症狀就不難霍然而癒。

一般而言，遲鈍的人幾幾乎沒有「內向（內攻）現象」。

這是由於感性、思考力皆弱，無法持有適足以內向的強烈情感之故。

這種人，心情愉快就欣然大樂，手腳齊舞；心情不適就鬱鬱不樂，緘默終日。瞧他們那時候的模樣，好像發生了內向的現象，實則腦海一片空白。

所謂「內向現象」，絕不是目不旁視地沈思，或是一聲不響、無所事事，而是指腦裡因緊張或慾望未遂的不滿，熾烈如火，卻一點不顯露於外那種狀態而言。

這種內向性，對一個人真是一無助益。

與此相反，慎思熟慮、謹慎成性、省察之心甚強的人，即使腦裏不時在緊張狀態下，也有慾望未遂的不滿，卻能夠把它抑制住內心，不使之爆發，所以，從這個意義上說，內向現象就成了利己的事。

當然，這也得看看抑制的是些什麼東西。

譬如，戒心過重就變成膽怯，守秘之心過強就變成靦腆，自尊心太弱就變成卑屈。這就演變為該說不說，該起而行動卻一無動靜，如此把該說、該行動的事全都抑制，可就招致莫大的弊害。

同樣是內向性的性格，就有好壞之別。譬如，慎重、反省、自制、思考之類性質的內向性格，皆屬良性，只要不踰越界限，倒可以成為超越外向型甚多的優點。

⑾ 爲了不遭到譏笑
——無味無色的人有什麼意思

想想，屬於自己的「心」，卻無法操縱自如，這有多窩囊？內向性就是這麼使人頭痛欲裂的、奇妙的心理狀態。這種狀態稱為「受情感支配」，是來自強烈的感性和緊張感、頭腦作用的不均衡，以及慾望未遂隨來的自卑感。

所謂感性強，意思是說，頭腦的作用甚強，照說，這種特性是大可活用的，但是，在腦裏處理那些感性之時，如果頭腦機能無法恆保均衡，不幸，又加了慾望未遂的不滿，造成內心的抑制作用，人的心靈就給圍困而逃逸無方，甚至引起神經衰弱之類種種精神障礙。

這麼一來，就有必要具備不敗於強烈情感和慾望的堅強理性了。

這個道理就跟練就其壯如牛的身體，具備無比的抵抗力，使之成為百病不侵的免疫力一樣。

理性不只是教養和道德心，而是指對任何情感作用產生相反作用的情感而言。

感性強的人，時時受情感的強烈支配，因此，與它相反的情感也自然而然日趨強烈。這種人的內心，有兩種相反的情感共存不悖。他們往往被稱為個性複雜難以了解，或是行為怪奇，道理就在這裡。

抑壓情感的心理機能，「有所思」的思考力，佔了相當的比重。所以，善於思考的人，通常是理性很強的人。這種人屬於內向型，即使內心起了強烈的情感，總是有那種本事搬出其他強烈的理念來抗拒、抑壓，把它消化之後，吸收殆盡。

感性劣弱的人，頭腦機能也相對劣弱，等於是無味、無色，其人如水。他們的外表顯得冷漠如霜，令人疑為頗有理性，事實上完全相反。感性不強，理性也強不了，這是不利之論。理性強，說穿了就是感情非常強烈的意思，請牢記這個事實。

⑿勝己則足以制人

——腦筋不靈該怎麼辦

內向一詞，包括了眾多內容。看到美麗的花，有些人就立刻脫口說出：「這些花有多美！」有人卻只在內心感受，一句不吭。從這個例子可以看出外向型和內向型的差異。

屬於內向的人，他們的言語，多半是心慌、靦腆、膽小、卑屈之類抑壓、緊張等心理的產物。內向型又稱為反社交型，這是指他們拙於社交而言。

其實，「拙於社交」並不是最恰當的形容詞，換個說法，應該是「對交際總覺得格格不入」。雖然拙於交際，對交際覺得格格不入，他本人卻渴望獲得交際的機會，你說，奇不奇怪？

人，如果無法控制自己，那就休想把別人操縱自如。無法戰勝自己的人，打架也好、競賽也好，絕對勝不了別人，這絕不是過甚其詞。

心裡有內向的傾向，意思是說，相反的心理在互作比鬥，所以，這種人永遠幹不了推銷員。幹社交為主的行業，或進入演藝界（演劇、歌唱、音樂、舞蹈、電影……），也是其路難通。

當你有了內向現象，務必在數秒鐘之內施行精神管理，使之恢復常態——這種訓練平時就不可或缺。精神管理的秘密何在？假設，有一個人，腦裏正受某種強烈情感的支配，他就轉變無方，精神上產生動彈不得的現象。

頭腦的機能，力足以分擔各色各樣的知覺，整個而言，它有知覺、需求、記憶的三大作用。情感應由知覺而來的意識活動，情感更可大類為需求的滿足感，以及需求未遂的不滿。

例如，憎惡感、嫌厭感之類令人感到不愉快的情感，全來自知覺需求的不滿。

這種需求上的不滿，如果非常強烈，它就發生情感上的聚縮作用，頑強地佔據在腦裏，任您想盡辦法，也不能將它驅逐出境，如此一來，它就不再接受其他情感和思考。

正義感也好，虛榮心也好，同情心也好，它們都會成為聚縮的情感，礙及頭腦的正常活動。這些令人感到不愉快的情感，如不趁早從腦中趕跑，你就無法使頭腦發揮神威，做全負荷的應變。這就扯到精神管理的問題。

想把這些頑固透頂的情感，從頭腦中驅逐出境，除非使造成這種情感的原因——慾望未遂的不滿獲得解決，勢必無法竟功。話是這麼說，要是不滿可以平息，情感的聚縮早就無法成為氣候，可知問題所在，就是無法消除不滿。

遇到這種情況，只好搬出其他的希求，例如，道德心、邏輯性的理念，來抑制它、吸收它。話又說回來，這事如屬可以順當辦妥，又何必如此辛勞？問題的關鍵就在，說來容易，做來頗為棘手。

情感的聚縮，若說可以憑著相反的情感或道理就能「驅逐出境」，又何必看這本書？只要憑自己健全的見識或判斷力，就能使它化為烏有了，是不是？

難就難在，無法加此一蹴可幾。要消除這種現象，只需把希求未遂、令人不快的不滿，代以另一種希求未遂，但令人好過的不滿。

且來舉出一個例子，說明這個現象。

假設有個男人，因嫉妒而怒火千丈，這時候，他該怎麼辦？

嫉妒，來自色情上的獨佔慾，由此產生強烈的希求不得滿足的現象。

朋友出人頭地時的妒心，源自自己不如他的想法。由於自尊心和攫獲名望之心的希求未能得遂，就產生了這種現象。這時候，如果獨佔慾和出人頭地的慾望，獲得滿足，豈不是萬事皆妥、無風無浪，何等寫意！問題就在，萬事妥不了，於是，這種失望感就化成對希求之事的憎惡感，甚至演變為殺機。

當然，如把對方殺了，憎惡感也好，嫉妒心也好，頃刻間化為無形，可是，殺人這玩意萬萬行不得。於是，就以遷怒的方式，使那些無罪的狗、貓遭了池魚之殃，草木也成了嫉妒的犧牲品。

至於，破壞性極弱的人，也就是脾氣不暴躁、性子不急的人，剛說是狗、貓，恐怕也折不了一片草葉，一條樹枝。

由於憎惡無處發洩，只好任它指向自己，以自殺收場。這種例子，可真不少。

其實，在走到這麼極端的路子之前，該有自救的方策。這就是前面說的那一招：「把希求未遂，令人不快的不滿，代以另一種希求未遂，但令人好過的不滿。」

譬如，女友甩掉您，您就另尋一種希求——找一個比她更漂亮的女人，去追她，藉此把獨佔慾轉到新的目標。

當然，比她更漂亮的女人，也非垂手可得，但是，有了尋求的意念，轉換對象的目的就達到。這就是說，對甩您而去的女人所產生的不滿，如能立刻轉移到即將尋求的女人身上，嫉妒心這玩意根本就沒有產生的可能。

不，聰明一等的男人，一開始壓根兒就不會興起妒心，即使產生妒心，也會立刻把它轉化到另一種慾望，瀟灑如常、一無煩憂。

無法如此坦然的人，退而求其次，去愛另一個女人，這不就結了？

任何希求未遂的不滿無法消除之時，只要對類似的不滿來個轉嫁，就可以輕而易舉地解除心中的結——請把這個事實，牢記於心。

第二章

棋逢敵手，一決勝負

(1) 如何在任何人面前堂堂而辯

——拙於話術也能撼動人心

除了希求未遂的不滿之外，心裏緊張無比之時，也會使人產生內向現象。動不動就緊張，緊張的程度又極其強烈，這種人通常都是沈默寡言，或是拙於言辭。世上多的是喜愛聊談的人，要他們閉口不言，實在比死還難受。相反的，也有不少把動口說話視若重擔，或訥訥而言，無法暢說心中一半話的人。

這當然也得看談話的對象而略有不同，不管如何，要面對任何人都能堂堂而言，倒有必要具備相當的心理準備。

沒有這種心理準備的人，由於精神上的壓力反應（stress）會變得寡言寡語。俗話說：「沈默勝過雄辯。」這句話可不能囫圇個吞，適時適地的沈默，價若黃金，但是，處於生存競爭白熱化的現代社會，如果墨守其規，持一不變，勢必遭到不利。

寡言訥詞的人，讓他握筆為文，往往寫出令人拍案驚奇的名文，這都是起因於內向性格，而不是說話的器官有何毛病。與此相反，就有一開口就能言善道，滿座傾倒的人，可是，請他握筆撰文，卻滿紙胡言，文理亦亂。這是因為說話能力雖然異常發達，智性無法如影隨形的結果。

也就是說，把思考的事訴之話語的頭腦機能，跟把話語發聲而出的頭腦機能，雖然作用相同，由於人有內向、外向之別，有人就善於撰文，有人就善於言說，發生如此大相逕庭的結果。

智性如何，與其請他說話，莫如請他撰文來得容易判別、容易精確。

這是什麼道理？因為，發出言語的頭腦機能，跟表現眾多思想、情感的頭腦機能，完全是兩碼子事。言語的機能，不是把其他機能所表現的思想、情感，化成言語，刻記腦中，就是將它們往外放出。所以，一個人的能言善辯，跟腦筋的好壞，並沒有直接關係。

看到一個精於口才的人，一般人就認為，他的腦筋過人一等，要知道善辯和雄辯（能辯），兩者的差別，有若天壤雲泥。

善辯之士，精於搬弄口舌，對有所感的事，滔滔而言，但是，無法驅使震人心魄的言語。雄辯家就不同，即使拙於口舌，他就是有辦法驅使撼人心弦的言語，使人為之傾倒。

⑵說得少，但威力奇大的言語
——沈默有時候也勝過雄辯

任何無形（看不見）的知識、思想、情感，我們都能透過語言，把它們儲存在腦裏，有其必要時，就可以隨時想出來，或錄而為字，或說出來達成傳遞之用，說來還真方便得很。

沒有這些作用，人就像狗、貓那樣，只能靠比手劃腳的動作，以及聲音、表情來傳達自己的意思了。又，即使有了語言，要是沒有儲而備用的機能，智力再完善，人只能說出「是」或「不是」這些話而已。

由此可知，這種機能對人類而言，確是不可欠缺，但是，所謂「過猶不及」，憑這種作用太強，絕非好事。患這種毛病的人，只要逮到了人就滔滔而言，要是禁他緘口不語，就等於要他活受罪，難過得什麼似地，在絮絮叨叨中，連平時不在腦裡的事，也會紛紛出籠。

只要啟口，而且勁頭一現，就能道出平時想也沒想過的話（超出平常的水準）

，這就是他們的特性。照說，有此稟性倒也不差，但是，人不可貌相，他的腦筋就不如所見那麼好。拙於口舌的人，倒不必以話多為目標，不如把全副精神放在語簡意賅、一語千金。以極少的話，發揮千鈞之力，那才是上上之策。

沈默有時候就會發揮雄辯之能，切記，「愛說並不等於善辯」，蕪雜而無一珠璣，就會惹人蹙眉，這種例子，在日常生活中，可真是到處可以一把抓。

(3) 使你拙於言說的兇手

——渴盼說得好就無法暢言

自以為拙於言說，卻不知那是內向性使然，這種例子著實不少，所以，務必注意自己是不是如此。內向性往往使自己認為拙於言說，因此，很可能逼使您更寡言，更拙於言說，這種現象到處可見。由此可知，說話時候的氣勢和心情足以左右大局。有下列情況，你想說的話就連一半都說不出來：

①心中沒有那種內容，卻硬想說出來。

②一意要把話說得順當生動。

③太重視怎麼說。

④自我意識太強。

真止能言善道的人，即使撒的是漫天大謊，就有那種本事使人信以為真。絕大多數的人，有一種傾向，那就是相信巧言巧語，對話術拙劣的人就不敢遽而信任，這是一般人的弱點。所以，拙於言談的人，最好一開始就認定：「人，可不易受騙」，訓練自己據實說話的習慣，日積月累，就會變得能言善道。

你向來自認為話術奇差，其實，分析內情就知並非話術奇差，而是內向的性格使你經常心慌意亂，才有怯場、語無倫次的現象。這是必須闡明的一點。

(4) 由容易說和有所思考的事開始

——一開頭就結結巴巴就無法暢言到底

為什麼心一慌就變得拙於言談？這一點，有必要刨根究底。

人的意識，那怕只有片刻的內向現象，馬上使人陷入自我過強的狀態，逼得頭腦機能無法集中於某一件工作。把這種不隨意地活動的意識，設法斷然向外發洩，就能夠以自己的意志，控制自己的心（操縱自如）。

拙於言談，足以使人內向，事實上，內向性格使人變得拙於言談的例子，亦復不少。人往往不是自己所想那麼拙於言談，之所以自認如此，都是內向性格作祟的緣故。也就是說，很想暢所欲言，但總是此願難遂，這種希求未償的不滿，老是緊附在腦裏，在正要開口之時，它就及時出現，使頭腦產生剎車作用。

要是一啟口就其順無比，這種情感的聚縮作用就煙消雲散，接著就如河川一瀉千里，一直到最後都能滔滔而談。

除非把「我是個拙於言談的人」這種觀念，從心裡驅除而光，它會隨時隨地突然冒出，呈現於意識表面，阻礙你的言談。驅除之道有三：

一、認真地不時告訴自己：「我絕不是拙於言談，這都是內向性格逼我的結果，我要對自己有信心……。」

二、珍惜言談時候的氣勢和氣氛。所謂言談所需的氣氛，是說絕不是給逼得非說不可，而是有說的興緻才說。

要提高言談的氣氛，必須把有所思的事，自自然然以言語來表現。有此觀念，勢必順妥異常。別只顧慮到「說得好」，要使想說或是思考的事朗朗上口，那才重要，想達到這個境地，心平氣和就成為不可或缺的條件。

時、地不對，有時候也使你無法把所想的事如實說出這也無礙，你大可從無關痛癢的事說起，或是從最拿手的話題說起。也就是說，一發覺自己有心慌、怯場的現象，就得調轉馬頭，把最重要的部份留到後頭，先從無關緊要，又容易啟口的事說起，直到說得順暢了，這才扯到問題的重點……。

三、臨機應變，驅除內向這個障礙物。矯正拙於言談，不是指重視話術的練習，治本治根，在於實施這種心理上的管理。

(5)辯論必勝入門十訣

——辯論之前必有的心理準備

事關內向，已經說得過多，就此打住。我們開始討論辯論的實際技巧。

從第一章開始，我就把言語比喻為大動腦筋所產生的武器，也提到高舉這個武器的人應有的精神架勢。一言以蔽之，那就是：「要戰勝別人就要先戰勝自己」。

為了讓頭腦的機能集中於某種論點，就有必要把其他有害頭腦機能的障礙，一掃而光。要達到這個目的，勢必把「內向（內攻）」這個有害的心理狀態，統合為一。

人之所以發生內向狀態，原因不只一端。

①心裡有無法掃除的希求未遂隨來的不滿。

②害怕對方而卑屈、畏縮。

③由於憤怒、恥辱、聲譽受損等心理，引起精神的緊張。

④走兩端的理性和情感，在心裡正面衝突……。

為了一旦有事之時，不使這些缺點紛至沓來，平時，我們就要警惕在心。然後，在論辯的舞台粉墨登場之時，謹記下面的「入門十訣」，就算有了充分的心理準備了。所謂腦筋明敏，意思是說它的機能鋒利無比。這麼說，頭腦鋒利，具體地說，到底是怎樣一種情況？對來自外界的刺激敏感地反應，這就是頭腦的作用。

譬如，有人告訴你什麼，妳的頭腦立刻對那件事起了反應，俄頃之間想出適切的答案——這種才能就是頭腦的機能所致。

換一種說法，這也叫做：「腦筋轉變得快」。

前面也提過，腦筋縱然轉變得快，要是在這個節骨眼，發生內向現象，這種作用就在腦裡呈現猛然「空轉」的現象，無法適時產生確切的答案，使你及時應付外界的刺激。常有內向現象的人，或自以為拙於言談而覺得緘默為妙的人，到頭來就給當做腦筋遲鈍的人。

與此相反，隨時因對象的變動，能夠機敏應答或行動，做出出人意表的反應，這種人大夥就認為明敏果斷，超人一等。

有這種頭腦作用的人，並不能據此斷為腦筋奇佳。因為，頭腦轉變頗快，跟頭腦之好，事實上沒有任何關係。

瞧他們應對之妙，出語之快，人人以為腦筋之佳，必然無人出其右，事實上，出個稍難的問題，他們就頓時傻了眼，發了呆，語為之塞。

如果來個相反的測驗，譬如逮住博學之士，跟他們說說種種玩笑話，你會發現就像跟布簾掰腕子，反應奇少，使大說玩笑話的人，無趣而退。

有些博學之士，甚至對他開個小玩笑就勃然大怒，說些含有譏誚意味的話，也漠然不解。聊談的氣氛也不怎麼融洽。

第一訣：絕不卑屈、畏縮。

第二訣：勿讓神經緊張如繃弓。

第三訣：要有絕對的信心。

第四訣：避開自己一無所知的論題。

第五訣：不讓情感支配自己。

第六訣：不要盲信（囫圇個兒吞）對方的話。

第七訣：逮住對方的要害。

第八訣：全力攻擊對方的要害。

第九訣：不把話扯到對方擅長的題材。

第十訣：與其固守，不如出擊。

辯論如武器，種類至多，使用技巧和鋒利與否，也因武器而異。這就是說，驅使言語的人，如果沒有相當的腦筋，就無法把言語運用得巧，運用得妙。

可是，你能說他們是腦筋遲鈍嗎？腦筋遲鈍的人，怎麼可能成為博學之士？這就足以證明，頭腦明敏鋒利，跟腦筋的好壞毫無關係。更清楚地說，任何人的頭腦都有他們明敏鋒利的一面，也有應變無方，遲鈍到家的一面。

拿白痴來說，在某些方面就有我們常人無可企及的，腦筋鋒利的一面；博學之士在某些方面，就有不如白痴的遲鈍腦筋。

(6)難解的事說得難以理會有何屁用
——廟前的小和尚不學也會唸經

世上頗多故意使用艱澀難懂的話，使對方如墮五里霧中的人。由於如墮五里霧中，大夥就認為這個人是個博學之士。事實上並不盡然。嘴上常掛艱澀難懂的話，這種人八成不是個聰明的人。此話怎講？道理很簡單，把難解的事說得難以理會，人人做得到，可沒什麼稀奇。

不是有句俗話嗎？

「廟前的小和尚不學也會唸經（耳濡目染，雖然未學久而久之自然學會）。」

把書本上寫的事囫圇吞之後，照樣說出來，當然使聽者百般莫解。想想，只把學過的事照單全收、照樣述說，腦筋再笨的人，也可以憑重複記憶行之無誤。

要把艱澀難解的事，說得簡單，說得人人易懂，必須耗費相當的腦力，也要有相當的理解力和應用力，可不是一夕可成啊！

不少人好講小道理而樂在其中。為了堅持己見而揑造道理（人稱歪理），可也說得「聲入心通」，威風壓群，使聽眾不知不覺中盲信他是腹笥有物、學富五車。

這種人說穿了，是找理由混蒙而樂在其中，屬於為歪理而說歪理。

細察這一類的話或文章，你將發現言辭美則美矣，卻表裏不一致（敗絮在內），絕大部份是由這種嚇不倒人的理論所形成。

這就像以鑽石裝飾得珠光寶氣的貴婦人，看似威勢壓眾，說穿了是徒有其表（毫無內涵）。一身襤褸，就有像耶穌那樣，能夠說出神的福音的人，所以，萬勿只見好文章或嘴巧，就受其眩惑。

說到鋒利如刀的頭腦、聰明透頂的頭腦，究竟是怎樣一回事？下面我們就來討論這個問題。

(7) 開發頭腦的秘訣

——亂用或不用而任其生鏽

現在，我要請各位細細地想個問題。頭腦的作用，怎能說「是壞是好」是因人而異？人，說來都是同一族類，頭腦的構造合該雷同。腦細胞的數目、它的分子構造、腦神經的數目和它的分布情況，照說人人相同。上天可沒有特別製造只此一個的頭腦。

據此推論，由於構造絕無異處，人的頭腦作用，也該人人相似才對。結論應該是：頭腦的機能不可能因人而異。事實卻不如此。人的性格、思想、才能的差別，何以呈現萬人萬樣的現象？頭腦在這方面究有何種差別？迄今為止，心理學家還無法解開這個謎題。不過，有關這個疑問，我們不妨想成這樣：

頭腦的機能雖然人人相同，但由於機能的強度大不相同，在強弱配合之下，就產生了千差萬別的性格。拿身體做個比喻，是這樣的：

肌肉的作用人人相同，就有指力強、腕力強、腳力強、膂力強、腰力強之類相異之處。由於各種「力強」的配合，這就產生了種種運動選手。搬出這種平凡無奇的常識，就足以為這個問題打休止符了。各位當可了解這個意思的。

頭腦的機能可以分類為四十三種。四十三種機能的強弱，如果各有不同，強弱配合的結果，就變得無限。萬人萬樣的性格和才能，就此產生——這不是順理成章的事嗎？

也就是說，性格的差異，不來自「頭腦機能的差異」，而是來自「頭腦機能強度的差異」，更正確地說，就是由四十三種機能強弱的配合而起。這是大腦機能學中最重要的一個理論。

好多學者都未能盡悉的頭腦機能，怎能察微如此？各位想必湧起這個疑惑，對我的話發生不能盡信的疑問。要知道，這絕非新鮮透頂的發現，更不是什麼難解難悟的學問。

舉個例子來說，要算出肌肉的作用究有多少，只需順著次序，從指力、腕力、肩力一一數下去，便輕易算出總數的道理一樣，絕無玄妙可言。

把這個道理套到我們的頭腦來說明，問題就不難迎刃而解的。

頭腦有知覺的作用，知覺之後經一番認識就成為記憶，記憶又經聯想之後，產生希求，希求會把行動和思索的意志，傳給我們。這種有所知覺，有所記憶，有所希求的作用，是整個大腦共有的基本機能。

這種大腦共有的三種作用，怎麼把它說成有四十三種呢？

這是由於大腦全盤的作用，把有所知覺、有所記憶、有所希求的種類，一手分擔的緣故。

譬如，看到一個蘋果，就有形狀、色澤、大小、重量、位置、數目、名稱之類的知覺伴隨而至。這些知覺，如果同時在頭腦的同一個部位發生，豈非方便至極？錯了，要真是那樣，頭腦反而一片混亂，才不那樣隨心所願呢。

我們常有下面的經驗：見過一次面的人，雖然記得他的面貌，卻忘了他的姓名，以及在何處，為何事見過他。再不就是記得姓名，但忘了面貌和何許人物。

這就是形狀、言語、事件、方位、時間的知覺和記憶的機能各自為政的最好證明。例如，對形狀有所知覺的頭腦機能，如果特別發達，對它的認識和記憶就格外強烈，雖然歷時甚久，也無法忘記它的形狀，因而引起呈現那個形狀的希求。

對形狀的知覺格外優異的人，就成為畫家，專心致志於形狀的表現。

而同樣是畫家，由於對形、色、大小、重量有所知覺的頭腦機能的分化，有強弱不同的差別，所以，有些人就擅長漫畫，有些人就擅長水彩畫，有些人就擅長墨水畫……。

要是頭腦的機能不被分化，只集中於某一處，而且可以一次發現，這種才能的差異就無由產生。這些類似的知覺作用，由於緊鄰而居，似乎可以靠連想而同時發動，要是它們在同一個地方、同時發動，人就有可能同時聽出七個人的話。

聽是可以聽出來，由於知覺和記憶的印象，重疊一處，到頭來就變得不可收拾，以至於發狂而終。

博士在某些方面，腦力居於我們之下，白痴在某些方面，腦力居於我們之上。只不過是隨腦筋的種類，所選的工作就大異而已。這種頭腦機能的各自分擔，並不限於智慧方面。

拿「愛」這個心理現象來說，它的機能也由頭腦的各部份來分擔。

例如，有人寵愛狗、貓，卻不愛妻小；有人愛他的老婆，卻不愛子女等等，他們嗜好的種類就有了千差萬別。「愛」的種類，它的對象可以細分為國家、鄉土、住所、妻子、朋友、動物、異性、傢俱、藝術、風景、名譽、自我、金錢……等等，可真是罄竹難書。

頭腦機能要分擔這麼多「愛」的種類，所以，到頭來就得看那個人的哪一個部份特別發達，由此衍生各自的性格、才能、思想。頭腦並沒有愛的機能，但卻有希求感受、知覺、認識等等滿足感的慾望機能，一般人就稱它為「愛」，如此而已。

頭腦的機能多達四十三種，在這麼多機能中，你要自行測驗出最強的機能，然後全力活用，那就可以發揮出超乎想像的威力。

可是一般而言，大家對自己頭腦的機能，何者為強，何者為弱，都昏然不知這現象。就產生浪費頭腦機能，或使之空轉不停，或使用過度，或任其荒廢而生銹、腐爛的現象。

不少人因而自怨自嘆，自以為是不成器的料子而自暴自棄，為了防止發生這種現象，實在有必要測驗你頭腦機能的強度。任何人都有頭腦機能最強的部份，你只是未曾發掘而已（有關這一點，將在第五章詳述）。

如果一究實情，將它好好活用，你出人頭地的可能性就變得無可限量，鴻圖可成，前途一片錦繡。

(8) 言語的暴力

——吵起架來算什麼「辯論」

辯論有三種：用嘴來說；用「心」來說；用腦來說。

一、用嘴來說的人：

屬於多嘴多舌型，喜歡說話，所以，一說起話來就口若懸河，上下五千年，沒完沒了。腦中空無一物，也礙不了他的口才，想到什麼就說什麼，大有綿綿無期之勢。說的內容，並不令人感動，倒也使人聽得津津有味。這種人一碰到有主題的討論，就無法說得理論井然。

二、用「心」來說的人：

由於情不自禁而說話，重視表現時的情調（心情），是屬於情緒型，能把聽者吸引得感動、共鳴。

三、用腦來說的人：

邊思考邊說，屬於智慧型，毛病是在淨講道理，欠缺情趣，但是，內容淵博，顯出造詣之深。最理想的話術，應該是嘴、心、腦全都出籠的時候，這樣的話術最能撼動人心。

因時因地而適當調整以腦、心、嘴說話的比率，就算是應變有方，機敏有術了。一般人說話，可不深慮及此，就算想到，也無法遂心如意。

正在談說的時候，由於全心貫注於如何說得好、說得順，頭腦的一大半機能都受其控制，想說的話就說不出一半來。如果正在討論某件事，情況就又大變。

有對象的討論，勝負全部取決於有無鬥志（比率至大），所以，只要鬥志仍存，談說的勁勢就不慮有所欠缺。演說和討論，言談方式之異，就如舞蹈和拳擊，即使事先就把說話內容的脈絡妥加組合，嚴陣以待，也會為了對方的態度大變，而亂了陣腳。

這時候，機敏應變的能力就成為最最重要的事了。

論辯這回事，說穿了就是以言語相鬥，如果任它發威過甚，就成了「言語的暴力」。這就是說，對方並無激烈抗拒的意向，您若片面地擲以厲言厲詞，它就成了「言語的暴力」。

要是對方針鋒以對，你也及時起而迎擊，這就等於態度嚴正，言論之用就成為正途，再也不是「暴力」了。

一般人誤以為向對方投以任何嚴酷的話語，既不是靠腕力施暴，所以，認為絕非暴力，反而視為想當然之事，一口咬定這種行為應被允許。可要知道，對方沒有表示己見的自由之時，這種行為合該懸為禁例。

由於對方是個拙於言談的人，就窮追猛轟，那就有違情理，合該鳴鼓而攻。

總而言之，看扁了對方的拙於言談，而片面駁倒，如此作風，實在令人不敢恭維。請切記：以言語決勝負，務必正正堂堂，磊落行之。

(9) 說服力重於攻擊力

——找個強手毅然比鬥

佛祖說過：「說明佛法要因人而異。」

意思是說，因人施教（拿適合對方性格的話來說），或不可執一不變。「對馬唸佛」（馬耳東風）、「佛前賣弄佛理」（聖人面前賣孝經，也就是班門弄斧之意）——這些諺語的真意，是說向對方大說無法理解的話，只有落得徒勞無功。

想想，對隔壁的阿花、阿桃，說明相對論，任你說得嘴爛唇破，也等於「投珠與豕」（明珠投暗），發生不了一點效果。

要是改變話題，大談男女八字投緣的事，她們必然雙目不瞬，傾耳諦聽。

這與其說是興趣濃厚，不如說是程度相當，聽來易於領悟。所以，對人說法理就得揣摩對方的知識程度，難懂的事就該搬出一聽即懂的例子，淺言淺語地說明。

也就是說，並不改變話的內容，而是改變表現的方法。兩者最易混淆，不能不慎。

因此，討論的對手，如果聽話時候的理解力差你數截，你得多花點心思，對內容的說明，下一番功夫才好。

最能輕鬆討論的，是雙方的智力不分軒輊的時候。但是，俗語說得好：「橡實比高，不相上下（其平均程度半斤八兩之意）。」拿這種人當對手，你的論辯能力絕不會有長足的進步。

要是專找智力高你一等的人，跟他大事議論，就會啟示一火車，大有所獲。所以，你必須找些此中高手，毅然跟他們來個舌槍唇劍，比鬥一番。

可要記住，議論云云，目的是在闡述自己的主張，讓對方有所理解，進而說服對方，而不是以「攻擊」為能事。這一點就要分際必守。

論辯的真義豈是如此？為了說服對方，絕不能一意反對或攻擊，而該講究理路井然，聽者悅服的話術，那才是正途。

第三章

合乎邏輯的計劃和進攻術

⑴ 精於計劃，善於推展

——制定腹案方法頗多

為了使論點做最有效的發揮，對腹案的制定和推展的方法，必須善用所謂的說服術。

說服術的由來，頗為久遠。

起初，柏拉圖（註1）為了化除世上眾多矛盾現象，企圖在邏輯上做個統一，提倡了論辯法，後來，亞里斯多德（註2）只當它是一種形式論，把它從知識的範疇除去，直至康德（註3），更進一步，也把它從真理的範疇除去，創立了獨特的論辯法。一八二〇年，黑格爾（註4）又加上獨特的思考方法，確立了有關論辯的哲學。

歷史的這些事實告訴我們，道理之制定，各有方法，而且種類頗多。更清楚地說，邏輯有時候就像哲學的「猜謎遊戲」，不少學者就當它是「為道理而說道理」，樂在其中，不知疲累為何物呢。

說道理（邏輯法）這一招，如果套用到我們的日常生活，是不是管用呢？

註1：柏拉圖（Platon 427～347B.C），古代希臘哲學家，蘇格拉底的弟子。著作多達六十四卷。

註2：亞里斯多德（Aristoteles 384～322 B.C.），希臘哲學家，柏拉圖的弟子，亞歷山大帝的老師。型式邏輯學鼻祖，排除詭辯術，提倡立於科學基礎的認識論。由「範疇論」（Categoriae）、「分析論」（Analytica）等六篇文章形成的「Organon」中的三段論法、歸納法、演繹法，尤為有名。

註3：康德（Immanuael Kant 1724～1804），德國哲學家，通曉牛頓的自然科學。完成「純粹理性批判」（Kritik der reinen Vemunft）、「實踐理性批判」（Kritik der praKtischen）、「判斷力批判」（Kritik der Urteilkraft）等著作而名揚四方。晚年之作「永久和平論」（Zum ewigen Prieden. 1795），被目為國聯成立的原動力。

註4：黑格爾（Georg Wilhelm Friedrich Hegel 1770～1831），德國哲學家。

(2) 試用三段論法說服你的她

——A等於B，A也等於C，所以B就等於C

為了說服對方，我們常搬出三段論法這一招。什麼叫做三段論法？簡單地說就是：

A等於B。又，A也等於C。所以，B就等於C。

如果把這一套運用到說服意中人，將是怎樣一種情況？

●我愛妳。
●我為這感到莫大的痛苦。
●可見愛一個人有多痛苦。
●請設法解決我這種痛苦吧。
要是使用這種方式，苦口勸說、苦口求愛，她可能會笑出來。
三段論法裡面還有另一種方式：
A等於B。但B等於C。所以，A就等於C。
如把這一招運用到說服意中人，就成為：
●我愛妳。
●愛是很痛苦的事。
●所以，我感到莫大的痛苦。
●請了解我這種痛苦吧。
這種說法，我想，也難免引起她一笑。沒關係，笑就由她笑吧，您還可以依照三段論法繼續說下去。
●妳笑了我。

●之所以笑，表示妳對這件事感到可笑。

●妳覺得我是個可笑的人。

●我為了愛而痛苦，這有什麼可笑呢？

您也可以說成下面這樣：

●妳笑了，是不是？

●妳覺得我可笑。

●妳的笑不是為了高興，而是對我的一種侮辱。

這麼一逼，想必她會情不自禁地噗哧一聲笑出來。接著，您可以說：

●妳覺得我那麼好笑？

●我這麼愛妳，可是，我的痛苦只成為妳的笑料？

●這麼說，我是失戀了。

這樣另樹一格的求愛方式，只要您裝得愈正經，她就愈好笑，看似效果不佳，其實，大有效果，這不是很有趣的一件事嗎？

我想，任何一位頑強不屈的女孩，即使對方是她不怎麼喜歡的男人，也不至於給他嚴厲的拒絕。因為，那些言語在轉折之間，產生了耐人尋味的幽默感。

(3)似非而是的求愛術

——愛，不講道理嗎

老實說，除非是對哲學特別有興趣的男人，求愛而採行這一招，恐怕不多。

但是，對他而言，這是此生此世最認真的一次戀愛，他出自肺腑的愛意，即使遭到她的一笑，而變得如洩了氣的汽球，由於言語之間含有罕見的幽默感，她必定以最大限度的寬容和同情，與之相對——這是毋庸置疑的事。

現在，要是把這種求愛方式轉而為「似非而是」的說法，將是怎樣一種情況？

●我愛妳。

●愛，應該是令人欣然而樂的事。

●可是，我卻覺得痛苦萬分。

●這是什麼道理？

給這麼一說，她會做何反應？我想，她八成不會笑出來，不，不但不笑，反而認為「這傢伙怎麼這樣惹人厭」？

她說不定「哼！」一聲表示不屑一答，如果是江湖大姐型的女人，或者來個仰臉噴煙，說聲：「是啊，究竟是怎麼個道理呢？」

面對這個場面，他難免挨了一下子，輸了一著，給弄得怪難為情的。

但是，既要求愛，就得徹底，膽大包天的他，不惜使出反擊手法：

●妳不曉得我愛妳有多深，有多苦？

●不曉得就表示妳的腦筋大有問題。

●妳簡直是低能兒，其笨如驢。

●所以，不懂我的愛有多深、多苦……。

要真是這樣脫口說出，一切努力豈不全都泡湯？所以，他再膽大也不至於說得這麼絕，只好再來次「似非而是」的溫和攻擊：

●妳果真不曉得？

●不，妳才不傻得不懂我的心意。

●妳是心裏有數，妳是一清二楚的。

●妳只是故裝不懂。

●妳才不管我的死活……。

這種「似非而是」的邏輯，照理，比正面攻擊的邏輯有效得多。不管如何，這兩種方式都會惹起她：「這又怎樣？有什麼了不起？」的抗拒心，倒是可以想像的。俗語說：

「愛情沒個準兒。」要是盡用理由去攻擊，也會遭到各種搬弄道理的反擊。

愛情是不講什麼準則、道理的，不明此理，想高舉「窮說理由」的旗幟，一路猛攻，勝算難握，自在意料中。譬如，採用下面的說服法：

●我愛妳。

●愛，是一件好行為。

●所以，妳必須對我的愛有所回應。

這種說法如果又添進「似非而是」的邏輯，譏誚意味就躍然而出。

●我愛妳。

●可是，我知道妳討厭我。

●明知如此，我還是此情難割。

這種說服方式，顯然會以失敗收場。由此可知，事涉愛情，窮說道理就形成水火不容的局面。與其如此窮搬「道理」，莫如採行傳統的三段論法，開門見山地往她的心直衝，將捏造的理由轉成幽默十足的言語，做側面的攻擊，效果反而大彰。

(4) 指黑為白的詭辯術

——飛馳的箭是靜止的

論辯法包括了很多辯論的方式。它原來是以強化劣弱的邏輯而出現的說服術。黑格爾以前的論辯法，盛行「使虛偽變成真理」的詭辯術。那一段時期，詭辯術可真是盛行不衰。譬如，畢達哥拉斯（Pythagoras 582～497 B.C古希臘哲學家、數學家、宗教家，發明「畢氏定理」，對柏拉圖影響頗大）曾經如是說：

「時間是每一個瞬間的連續和延長而已，基於這個道理，飛馳的箭，應該是靜止的。」

這種明知其非的詭辯學說，在當時，風起雲湧，歷久不衰。以那個時代的物理學，雖然知道這是詐欺奇詭的辯理，偏就找不出推翻此說的論據。因為，即使有人對這個詭論加以駁斥，勢必遭到詭辯家的另一套理論給摧毀的。那個理論就是：

假設飛箭是在飛馳，世界上就沒有一樣物體是靜止的。這個大地不也跟著地球不斷在旋轉嗎？所以說，如要窮究事物的本質，在瞬間上來說，大地也好，岩石也好，山嶺也好，跟飛箭一樣，必須是恆保靜止的。」

這種「似非而是」的理論，在現代生活中也隱然存在。一言以蔽之，它不是詭辯，還是物理學上的一種常識呢。即使搬出物理學最權威的理論——愛因斯坦的相對論，恐怕也摧毀不了這種詭論的。不，連相對論都證實了這個詭論的存在性，想推翻它，還真不簡單呢。

對付這個詭論，一般人想到的駁詞可能是這樣的：

「地球上的萬有萬物，無不跟地球一起在旋轉，飛箭豈能唯我獨靜？」

這句話必然恰中畢氏之懷，他會喊一聲「好極！」毫不遲疑地答說：

「如果飛箭朝著跟地球相反的旋轉方向，以同樣的旋轉速度而飛，飛箭不就等於靜止了嗎？」這麼一駁，你不是啞口無言，只有乾瞪眼的份了？

使用這一招話術的人，總是胸有成竹地準備了一套說詞，把對方搬出的正面說法，駁個體無完膚。算計得如此周全，雖然不至於摧垮無方，到底還得費一番功夫。對付這個異論，只有一個辦法。那就是反其道而行——以反對論對付反對論，也就是傳統的正面攻擊法。

你絕對不要仿傚敵人的戰術，那麼做，你只有曳甲而逃，必敗無疑。

詭辯術的陷阱就是要你倣法它的戰術，所以，只要自始至終，以正統的正面攻擊法直攻不歇，那就奏凱有期。

首先，你必須思考對方理論（邏輯）上的弱點，究竟在哪裏。當然，它可不是一想即通的。

不過，尋出對方理論上的要害，不至於太難。對方理論上的要害（要點），便是對方理論上的弱點。所以，尋其要害就成了首要之務。

以「飛箭是靜止的」這個理論來說，它的要害到底在哪裡？

「飛箭是靜止的」，支撐這個結論（唯一的支撐物）的，是「瞬間」這兩個字。此詞一除，對方的理論就無由產生，把「瞬間」兩個字爆破，整個理論就化為烏有，真個一了百了，再無滋事的可能。這就是說，要以正制反，從正面堂堂進攻，一舉殲滅「瞬間」這個妖怪。你可以說：

「這個世界並沒有瞬間這個玩意。任你把時間細加割碎，只能變成無限度的小，絕不可能有所謂『絕對的瞬間』。絕對的瞬間既無存在的可能，飛箭只能在那小到無限的時間內，移動於小到無限的距離之中。所以，飛箭絕不是靜止的。」

對這個理論，想必沒有任何反駁之詞存在的可能。

(5) 阿基里斯和烏龜之戰

——阿基里斯為什麼追不上烏龜

有一種詭辯術，比「飛箭靜止」這個奇論（paradox）更奇，而且有趣得多。那就是季諾（註1）所倡的「阿基里斯（註2）和烏龜的競跑」。

這個詭論是說：「假設阿基里斯比烏龜即使只慢一公分才追趕牠，就算他的速度倍於烏龜，阿基里斯還是永遠趕不過烏龜。」

他的理論根據是這樣的：當阿基里斯跑了一公分，趕上烏龜，看似趕上，實則並沒趕上。

因為，這時候，烏龜已經趕在阿基里斯之前二分之一公分。當阿基里斯又跑了二分之一公分，趕上烏龜，烏龜早又趕在阿基里斯之前四分之一公分。當阿基里斯又前進四分之一公分，看似趕上，其實還是沒趕上，因為烏龜在這時候又趕在阿基里斯之前八分之一公分。

如此這般，阿基里斯跟烏龜的距離，愈來愈縮短，但是，只能小到無限的縮短，到頭來阿基里斯還是無法趕過烏龜。這個理論，曾經在數學、幾何上驗證無誤（也就是說此理可通），所以，想反駁這個詭論，委實不那麼容易。

註1：季諾（Elea　Zenon　490～430 B‧C）古代希臘哲學家，有論辯法始祖之稱。反抗暴君，咬舌自殺，屍體給石磨磨碎。
註2：阿基里斯（Achlles），希臘神話中的勇士。

(6)　如何攻其要害

——哲學是窮說理由的遊戲

詹姆斯（註1）引用了羅素（註2）的哲學論，對這個詭論做下面的反駁：

「這個難題，可以因著眼於下列幾點而解決。

①成為問題的『點』的集合，在雙方路線上的數字而言，都是無限的。

②當無限到多少成為問題，全體比部份要小的說法是錯誤的。

烏龜通過的每一個『點』，就有相對的時間的『點』，這裡面也有阿基里斯通過的一個『點』。三種『點』的集合中，其中的一個『點』，由於跟其他兩個『點』正確對立，這三個『點』的集合，論數目上的『點』，就成了相等的集合。

這麼一來，烏龜比阿基里斯早跑的距離，它剩餘的部份就此消失，不復存在。剩餘的距離就這樣給處理掉，而阿基里斯路線的最後的『點』、烏龜路線最後的『點』，以及兩者競跑最後的那個『瞬間』，就成了數學上相對的一個『項』。如此這般，阿基里斯和烏龜的問題就獲得解決。」

請問，各位是不是了解了這個理論？這一番若有其事的理論，聽來令人似懂非懂，是不是？有些學者對某件事的解釋，往往故意繞大彎，說得叫人腦筋大亂，使我們不知所云。所以，如果你對上面的解釋似懂非懂，倒是正常的現象。

換了我們，如要埋葬這個詭論，反駁的說法應該是：

「有關阿基里斯和烏龜的詭論，只有在無視時間的情況下才能成立。沒有時間的因素，那麼，距離的問題、競爭的概念都無法成立。假設阿基里斯的速度是每秒一公尺，兩秒之內他就跑了兩公尺，烏龜則跑了一公尺，所以，阿基里斯費兩秒就趕上了烏龜。」

這麼一說，不就人人都懂了？所謂的哲學，說穿了，就是享受「為道理而講道理」之樂的學問。換句話說，它是我們這些凡夫俗子高攀無術的學問。

但是，乍看如在耍弄愚蠢、無聊的這種詭辯術，卻靠它的看家本領，證實了愛因斯坦的相對論，你說奇不奇怪？也就是說，世界上果真發生了足以證明季諾詭辯術的事實。

這個事實，到底是什麼？一八八七年，邁克爾生（註1）和摩利（註4）使用非常精密的儀器，做了有關光的實驗，結果發現了令人難以置信的奇妙事實。

這個奇妙的事實，簡單地說是這樣的：光的速度大約是每秒三十萬公里。

假設，有一個人站在地球上，把強烈的探照燈光射向天空，在一秒鐘之後，這個光線就可以照亮三十萬公里之遠的星球。又假設，有個人搭秒速二十九萬公里的火箭，跟探照燈的光同時向那顆星星飛去。火箭在一秒鐘後，飛過二十九萬公里的天空，到了離那顆星一萬公里的地方。

而，探照燈的光卻飛過三十萬公里的天空，到達那顆星，照亮那顆星。

地上的人，在兩秒鐘之後，可以看到三十萬公里之遠的天空上給照亮的那顆星。按理，搭火箭的人，在一秒鐘之後，就可以看到光所照亮的那顆星（在離他一萬公尺的地方）。

但是，事實加何？搭火箭的人，跟站在地球的人一樣，看到的是離他三十萬公里的那顆星。這就是說，用跟光速幾乎相同的速度去追「光」，那個「光」卻一點也不靠近（仍然在三十萬公里遠的地方）。世上就有這種怪事！

對站在地球上看那個「光」的人，以及搭火箭追那個「光」的人而言，那個「光」同樣以三十萬公里的速度遠離他們。對這種奇妙的事實，物理學家到底要作何解釋呢？

幾乎所有的物理學者都對這個奇妙的事實，大惑不解。那時候，年僅二十六歲的愛因斯坦就想到，只要被「以太」（註3）這個介質所惑，就無法解釋這個奇妙的現象。他說，「光」是一種波，但是，成為媒體的「以太」，事實上不存在，「光」是一種粒子，具有傳播於空中的性質。如此把「以太」的存在抹消之後，光速的不變性就有了論據了。真空是完全均一的現象，無法為它做任何記號，它的波動絕無可能。

換句話說，真空裡面並沒有速度的存在。要是說，站在地球上的人，跟搭火箭的人所看到的光速有所不同，就變成真空裏面也有速度存在，而這是絕無可能的。

這種理論，在我們一般人聽來，頗有詭論的意味，可是，除非做這種解釋，老實說，無法編得出一套恰如其份的理由。也唯有根據這個道理，才能確立光速不變的原理（傳播於真空中的光速，跟看它的人的運動速度無關）。

請各位再回想一下阿基里斯和烏龜的賽跑。

阿基里斯的跑速雖然倍於烏龜，要是讓牠一公分來競賽，即使可以使差距縮小到無限，卻永遠無法趕過牠——這個理論，在數學上、幾何學上都可以獲得證明。

這個理論之所以成立，全靠「無視時間」的詭論而來。愛因斯坦很可能是從這個詭論獲得「天啟」。這位不世出的天才學者想到，若要說明邁克爾生和摩利的實驗結果，勢必糾正迄今為止的有關時間、空間的常識性概念，否則斷難竟功。

就這樣，他在一九〇五年，發表了有關時間、空間的嶄新學說——相對論。

這個學說，道出了時間和空間裏面，藏有超越常識的、不可思議的性質。

這個不可思議的時間、空間的性質就是：速度快如光的時候，愈快就變得愈短、愈重……。也就是說，空間隨著愈縮短，時間隨著愈慢……。在學術上而言，這可真是異想天開的驚人學說。可是，這個事實已被實驗過，而且獲得證明，所以，它絕不是什麼詭論。

就算它是詭論好了，對我們一般人來說，它的確是無法一窺其奧的理論，只能雙手一推，嘆一聲「莫宰羊」了。愛因斯坦發表這個學說的時候，曾經說過：

「能夠了解這個理論的人，在地球上只有十三人。」

它的艱深難解，由此可見。有人甚至開玩笑說，恐怕連發明這個學說的愛因斯坦博士本身，也不一定盡悉其奧呢。

再說下去，徒然走入思索的深淵，理論的叢林，只好就此打住，不談也罷。

註1：詹姆斯（William James 1842～1910），美國哲學家、心理學家，曾任哈佛大學教授，為人文科學樹立了理論基礎。代表作有「真理的意味」（The Meaning of Truth, 1909）、「心理學原理」（The principles of Psychology 1891）等。

註2：羅素（Bertrand Arthur Willian Russell 1872～1970），英國數學家、哲學家，一九五〇年獲諾貝爾文學獎。

註3：邁克爾生（Albert Abraham Michelson 1852～1931），德裔美人，物理學家，歷任克里蘭特大學，芝加哥大學教授，推翻古典力學觀念，成為發揚相對論理論的契機。一九〇七年諾貝爾物理獎得主。代表作有「光波及其利用」（Light Waves and their Uses 1903）

註4：摩利（Edward William Murley 1838～1923），美國物理學家、化學家，與邁克爾生做有關光的實驗而聞名。他對大氣中氧氣含量變化的測定，由熱而來的氣體膨脹，水中氫、氧重量比率的精密測定等方面的研究，也卓有成就。

註5：以太（Ether），在光的波動說裡假定存在的光的介質（媒質）。「以太」是物理學名詞，或稱「能媒」，是科學家假定之傳光熱電磁的介質。此介質跟普通物質相異，其密度比最輕的氣體猶小至無限，唯富於彈性。它不僅在真空中存在，就是太空及各物質的分子間也瀰滿充佈，但是，沒礙及天體及分子的運動，所以，它的作用只在傳播光熱電磁等能於空間。所謂光波、熱波、電磁波等，皆「以太」之波動，只是波長各有不同而已。這個理論，後來給愛因斯坦推翻。

(7) 任何議論都有兩面性

——不要惑於僻論異說

討論、辯論、議論、爭論、論證……，任何一種「論」都有表、裡、正、反的一面。有個鐵則就是：「表」要永保「正」，「正」要恆持「表」。

基於這個道理，可別惑於「阿基里斯和烏龜」那種僻論異說的詭辯術。

所謂正面攻擊（正攻法）是說，對方以表為裏的時候，你還是以「表」為擋箭牌，與之抗衡到底。也就是說，堅持以此獲勝，它就成為「表」，成為「正」。

如果你的立場正好相反，道理也是一樣。不是有句：「勝者王侯，敗者草寇」的俗語嗎？

跟別人辯論是輸不得的，您一輸，「正」就變成「邪」了。還有一句俗語是：「失敗為成功之母。」這是辯論雖輸，精神上卻不輸的一種自慰之語，而辯論落敗的事實，還是無法抹除的。

人類拔尖的真理，舉例來說，在古代有釋迦牟尼的佛教哲學，在現代則有愛因斯坦的相對原理。兩者雖有古今之分，宗教、科學之別，精神、物質之異，但是，說它們都是人類拔尖的理論，在這一點，並無不同。

這麼說，地球上最大的謎，到底是什麼?不用辯論，它就是人的心靈。「心靈究竟是怎樣的東西?」這個謎，歷經數千年，一直使人類為之煩惱不已。它給哲學帶來最深、最大的苦惱。科學、哲學的進步，任它日新月異，這個問題到目前為止，仍然是人類不可解的「巨謎」。雖然如此，人類還是為了解開眾皆具備的心靈的謎，拼鬥不歇，迄於今日，毫無棄之不理的意圖。

(8) 如果用歸納法追求意中人

——尋出眾多例子把共同點集於己身

詭辯就是以非為是，以是為非，存心搬弄口舌的方法，如果稍一不慎，您就掉入其中而爬不出來。與此相比，歸納法在科學上發揮過無比的威力，具有宏效可期的說服力，值得窮究其理，運用到日常生活和議論、辯論上。

若把歸納法運用到說服意中人，到底有多少勝算?下面是運用歸納法說服對方的一個例子。

「阿蘭小姐，聽說，很多男孩子都喜歡妳。我就記得A先生說過：我喜歡阿蘭小姐。還有，B先生也透露過喜歡妳的意思。

說到我，當然也不例外。因為，妳確實具備了迷住大家的魅力，妳具備的魅力是什麼，他們一時也說不上來，只是說，反正充滿了吸引男人那種韻味、風采就是。至於我，倒清清楚楚知道妳的魅力在哪裏。

妳謙虛、恭謹的女人味，便是人人愛妳的最大原因。可能的話，我真希望有那種福氣跟妳結婚。妳可以說是男人夢寐以求的，最理想的結婚對象。我這些話，絕不是一時之興而說的，是我出自肺腑之言。我相信，妳會了解我這種心意。」

這就是歸納法說服術的一招。它的特徵是：

①先舉出眾多例證。

②把例證上的各種共同點，全都集中在自己身上。

③藉此強調自己比別人優越得多。

說句極端的話，這是佔「漁翁之利」，只求有益於自己的說服方式。事實證明，這一套話術相當管用。採行歸納法，為什麼效果必彰，因為你的真實性，透過你列舉的客觀性例證，深深地烙印在她腦中了。

這就是說，任你運用主觀的言辭，大事謳頌自己，由於手法平凡無奇（大多數男人都慣使這一招），也容易被誤為「老王賣瓜，自賣自誇」，難免泛泛無勁，傾訴無力。如果您不隨人云云，卻搬出客觀性這一招方法，來個婉轉柔和的側攻，就不難產生間接說服的效果。

(9) 如果用演繹法說服意中人

——發揮「聞一知十」式的精巧手法

說服利器中的另一種，便是跟歸納法反道而行的「演繹法」，這一招也蠻管用，也很有意思。如果運用演繹法來說服意中人，該怎麼說？

下面是一個例子：

「阿蘭小姐，妳那謙虛、恭謹的個性，充滿了女人的魅力，一定會受到所有的男人喜愛的。事實上，大夥都喜愛妳，這是人人公認的事。我記得A先生就說過，他喜歡妳。B先生也透露過喜歡妳的意思……。

人人都喜歡妳，我當然也不例外。哪有把妳不當一回事的道理？也許，我在某些方面有很多不如人的地方，但是，真誠想妳、愛妳，我可自認為絕不輸給任何人。只要妳在多數中選擇我，我願意拋棄一切，愛妳到底、照顧妳到底。」

對歸納法而言，這是從「抽象的原理斷定具體事實」的演繹手法。

也可以說是由普通原理斷定「特殊事實」的方法。更簡單地說，就是從某種共同點，舉出眾多實例，最後把它集中於自己身上，將銳不可當的說服力，投向對方的一招。

演繹法是從各種特例中，引出某種共同的原理；歸納法是從共同原理中，引出各種特例的方法。兩者路向相反，從效果上而言，卻殊途同歸。常常活用演繹法，就可以練就「聞一知十」的明敏、精巧的頭腦機能，在論辯上發揮出無比神威。

⑽「格殺勿論」的言語

——言語這個武器有什麼神威

言語是合法的武器——前面我一再提過這句話。

我也提到，只要善用這個武器，它就發揮出形形色色的鋒利效果。事實上，言辭在法所未禁的範圍內，可以發生「格殺勿論」的結果。請記住：「法所未禁」這四個字所代表的禁誡。

在大眾面前，公然辱及對方的信用或名譽；以言辭煽動暴亂叛國；或是散佈違反國策的理論；或以巧言詐取財物等等，凡此種種，都是法所嚴禁，當然不可干犯，除此之外，言語就有海闊天空，任君使用的好感。

言語這個武器，到底會發生何種威力？下面我就舉出幾個例子來說明。

寥寥幾個字，卻力有萬鈞，勝過百萬言——這種名言、名句，世上可多得很。「沈默勝過雄辯。」這句話就是其中之一。

要是把邏輯學或哲學之類高等知識的理論，全都使用這種通俗又強勁感人的言辭來表現，一本厚達數十萬字的巨著，恐怕只用一張稿紙就足以把其中的精義，容納在內了。

如果說：「所謂的邏輯學，就是為邏輯而邏輯，好作強詞的學問。」

有人或許認為，它會構成對邏輯學或哲學的一種侮辱，可要知道，這句近乎武斷的狂妄之言，它本身就含有無法斷然否定的、真理的一面。這就是說，言語這個東西，只要看怎樣用它，即使是剛才那句「不知天多高地多厚」式的狂妄之言，也可以厚著臉皮，正正堂堂地說出來。

它之所以產生武器那般的力量，道理就在這裡。試想，要把哲學或邏輯學上的某種問題，根據理論，井然不紊地展開否定它的理論，可不那麼簡單。

別人有無這個本事，姑且不談，孤陋如我，簡直是想都不敢想。但是，如此艱難不易為的學問，誰都可以用一句話，把它們的價值正正堂堂地抹殺殆盡，你說，言語的力量不是太大了嗎？

只要您使用得法，它就發揮出無限的力量——言語的魔力，就在這裡。

運用這種「寸鐵亦可以致人死地」似的言語，我們都可以使世上所謂的英雄豪傑、商場鉅子、博學之士，憑一句話把他們說得等級大降，資質不如我們。真個「褒貶看我」，這不是很有趣的一件事嗎？

假設我們在黃泉之下遇到那個曾經叱咤風雲，不可一世的希特勒，大可如此取笑他：

「殺了一個人就變成死囚，殺百萬之眾，就成為英雄，想來，你也該滿足了吧？」

如果我們遇到倨傲不遜的博學之士，我們更可以如此揶揄他：

「剽竊某人的一部份作品，大夥就鳴鼓而攻，要是剽竊很多人的很多作品，大夥就稱他為學富五車，尊為博學之士，想來，剽竊這玩意，是愈多愈佳呢。」

遇到逞威風，擺大架子的偽君子，你可以諷刺他：

「瞞騙一個人就成為歹徒，瞞騙多數人，你閣下就是聖賢也甘拜下風的仁人君子了，實在了不起呀！」

遇到奇吝聞名的富豪，你可以這樣數落他：

「使一個人哭，大夥就罵他是狼心狗肺，要是有辦法讓許多人哭，大夥就讚他是立志刻苦終於成功而值得寫出傳記的人。你實在不愧為終於成功而值得寫出傳記的大奇人物呀。」

就算把這些話臭罵為詭辯之尤，由於言語的勝負，在脫口說出之時，已見分曉，所以，任他頓足捶胸、悔恨不已，也是事過境遷，只有徒喚奈何了。

即使忿而握拳，說對方講的是片面的妄詞，由於一針見血地指出事實的一面，被數落的人，只有自認倒楣，皺眉苦笑的份。

就算你說的話有多狂妄，或被認為是一種失言，只要法所未禁，給邏輯穩穩然的力量支撐的言語，力足以把對方（不管他是多麼炙手可熱的人）的價值、自負、尊嚴，在那一瞬間，棄於泥深的田地。這麼說，面對如此的一招，受奚落的一方，是不是只有自認倒楣的份了？

並不。所謂以牙還牙，他也可以運用言語，來個「以言還言」，做次有力的反擊。言語是活的，可以任君驅使，它的特色就在這裏。

譬如，甲對乙說了下面的話：

「殺了百萬之眾，就成為英雄是不是？」

對這樣的逼問，乙可以反駁說：

「沒有那種膽量的人，恐怕連一隻小蟲都不敢打死，豈能在真刀真槍的人生戰場奮力求生，出人頭地？」

又如，甲對乙說：

「剽竊很多人的作品，就能成為博學之士嗎？」

對這樣的逼問，乙可以反駁說：

「腦筋那麼轉不開的人，一定無能得連別人的作品都剽竊不來。」

如果甲對乙說：

「有本事瞞過千萬人，就成為仁人君子了？」

對這樣的逼問，乙可以反駁說：

「像你這種其笨如驢的人，才最容易瞞得過呀。」

如果遭到下面的諷刺：

「你呀，可真是使千萬人哭泣的名演員呀。」

反駁的話可以是：

「你才是道地的悲劇演員呀，一天到晚不是哭喪著臉嗎？」

英國國會向以「識見之府」卓稱。在他們的國會議堂中，曾經發生過史上留名的一次激烈論戰。時候是十九世紀末葉。

當時的大號政治人物格拉特斯頓（註1）曾經向也是大號政治人物的政敵——狄斯拉利（註2），展開攻擊，揭發了足以毀滅對方的私密性內幕。

格拉特斯頓話鋒犀利地向狄斯拉利說：

「狄斯拉利先生……，我對您平時的言行，頗感納悶，不說別的，據最可靠的消息，你是個患了性病的人，可有這回事？請從實招來！」

此語一出，四座皆驚，所有在場的國會議員，頓時雅雀無聲，屏住氣息。

這句話給一個人的侮辱，可真是夠瞧的，狄斯拉利受這種攻擊，到底如何答辯？難怪在座的議員都緊張屏息，把視線集中到狄斯拉利身上。

就沒有人想到，遭到這種奇恥大辱的狄斯拉利，既不慌張失措，也面無怒容，悠悠閒閒地說了一句：「您的話絲毫不假，我是跟您的情婦睡覺才染上性病的。」

話剛說完，爆笑之聲震動屋宇，久久不散。

這一番論戰，誰都可以看出格拉特斯頓飲恨落敗。

與此相比，日本國會上的論戰，可說是彬彬有禮得多了，我們甚至可以說，日本國會議員個個都是修養有素的紳士。但是，他們卻缺少高度的幽默感，就像專會吹毛求疵的中學生，有時候來個鑽入胯下，或是勉強挺腰去攻擊別人，只會玩這種不入流的把戲。

據說，在日本國會曾經有過下面的論戰，倒勉強可以列入「傑作」之類，不妨公開出來。

B黨甲某問道：

「聽說，政府首長們在餐廳開過會，到底開的是什麼性質的會議？」

A黨乙某答道：

「在餐廳喝酒，法所不禁，有何不可？」

B黨甲某又緊著說：

「喝酒當然可以，可別喝了腐敗之酒！」

聽他們這種你一句我一句，針鋒相對之詞，簡直是玩「相聲」的把戲，不過，語中略有幽默，還說得過去。

做個政治家，可真不容易，尤其要當大政治家，對言語之修練必須爐火純青，若說他的政治生涯，取決於言語的應對有方，好像也說得過去。

日本國會經常發生議員追究大臣瀆職、貪污的質詢。大臣的答辯，也極其遁詞之妙，譬如，說什麼：

「以我個人的立場來說……」

見機一會兒成為「大臣」，一會兒成為「個人」，這種巧妙保身的言語技巧，就有點類似強詞奪理的詭辯。

又如，有意競選總理大臣的某某，在善拍馬屁的黨員向他說：

「某某兄，您呀，為了我們務必出馬競選！」

這位未來的總理大臣就故裝慎重地答說：

「這，我還不能清楚表明，要是我不出馬，整個責任就要落到我身上來，那還得了？」

言語這東西可真是方便之至，這一說等於清楚表明他要出馬，可是也可以解釋為斷然拒絕的意思，你說，妙不妙？

有一陣子，在日本各地發生高舉「反對核子試爆」的標語牌，大作示威遊行的風氣。

這種示威遊行，都是由勞工團體發起，目標總是朝向美國的核子試爆，對美國的作為，大表反對。其實，自民黨也可以發動組織之力，高舉標語牌，來個大遊行，不知自民黨的袞袞諸公，以為然否？標語牌正面的宣傳字句，可以這樣寫：

「停止在太平洋做核子試爆！」

日本國民一看到這個標語，必然大為驚詫。

自民黨居然也反對美國的核子試爆，這不是太陽從西邊出來那樣，鮮事一樁嗎？當然，這裏面還有巧計。標語牌的反面寫的是：

「要試爆就在沙漠試爆吧！」

同樣是反對核子試爆，這一招不是最能獲得日本國民的共鳴嗎？

也就是說，即使由自民黨出面搞這種示威遊行，美國佬也不會怪罪（說不定還大樂呢），要是真能由此而使之停止核子試爆，豈不成了額外的收穫？

這一類含有諷刺意味的「幽默」，在政治宣傳上更能發揮宣傳效力。

註1：格拉特斯頓（William Ewart Gladston 1809~1898），英國政治家，原是托利黨（Tory Party，現保守黨之前身）黨員，任大臣後下野，轉為自由黨，歷任四次首相，力倡自由、和平。對希臘古典文學造詣頗深，著有『荷馬及其時代』（Studies on Homer and Homeric Age, 3 vols. 1858）以及『落穗集』（Gleanings of Past Years, 8 vols1879~1897）。

註2：狄斯拉利（Beanj amin Disraeli, 1804~1881）英國政治家，一八三七年進入政界，成為托利黨員，一八五二年後歷任大臣，一八六八年繼自由黨格拉特斯頓之後，任首相，便俄最力。由於政績卓著，在一八六七年受封為伯爵，在一八八〇年退休。

⑾ 攻擊是最好的防守

——反扭對方的理論來攻擊的絕招

現在，且把話題轉到日常生活中慣見的爭辯、論戰的各種技巧。

俗話說：「攻擊是最好的防守。」在辯論上，這句話也可以奉為每辯必勝的金科玉律之一。

這裡所謂的攻擊，絕不是「暴力的行使」，辯論的主要武器既然是言語，目的不在「狠狠地把對方整一頓」，而是使對方心服口服（達到說服的目的）。

辯論的目的若是在激怒對方，那是旁門左道不足為法，如果心存此念，還是乾脆不辯論也罷——這是我們應有的認識。

話是這麼說，要是對方對我們所論絕不「心悅誠服」，一一有所辯駁，我們當然也得奮起迎戰，採行攻勢，迫其走頭無路，屈服稱臣方可罷休。

這時候，務必注意的是：「言論之力，全賴理路井然」的事實，這是最最要緊的觀念。

缺少理路（邏輯程序）的言論，等於力量毫無，所以，你若「反扭」對方的理論，轉守為攻，對方的攻擊力，就蕩然不存，你這一扭，就反而成為致其要害的力量。這才是宏效可期穩操勝券的辯論招數。這時候的推論方式，要言不煩地說，就變成這樣：

①我認為這個問題的關鍵是如此，你認為呢？（第一招）

②我認為它是這樣，你認為呢？（第二招）

劈口如此說出的方法，會逼使對方陷入「不得不肯定」的境地。

如果，你只知片面地羅列各種理論，一意猛攻，對方就絞盡腦汁，設法從中尋出漏洞，以便否定你說的話，無異增加了對方攻擊的據點，殊為不智。

採行①②的方法，逼使對方陷入「不得不肯定」的境地，如果對方仍然一意反擊，你就使出「反扭對方理論」的一招。

①和②可說是為這而做的準備行動（舖路工作）。

當然，要反扭有方你就勢必有個周全的準備——事先就擬好理論的梗概。

對方如果這麼說，我就這麼轟回去；對方如果那樣說，我就這樣頂回去——這一類的腹案，至為重要。對理論上最終的結論，牢牢在握的人，若採行「車到山前必有路」（聽其自然）的方法，也未嘗不可。

要緊記於心的，是千萬別急於有所表現，而把自己理論上的王牌，一下子全都亮出來，這就等於漏了整個底，敵方自可從容算計，俟機而攻，那就勝算難握，無異自埋敗機。

也就是說，你要把準備好的一、二種理論，零星推出，藉此觀察對方的反應。

當你斷定對方劣弱不堪，這才立刻推出王牌，以銳不可當之勢，一舉決勝負。

這種「一氣呵成」的方法，必須敏於判斷、速於行動，否則，容易馬前失蹄，使你飲恨而敗，所以，察機而行就成為不可忽略之事。

要是看出對方絕非等閒之輩，你就先把手頭上握有的「次強」的理論，推出一、二，足以決定勝機的最強王牌，就得暫時隱藏不露，直至時機已到，這才以排山倒海之勢傾巢而出，一舉擊垮對方。類似強詞的道理，說了一次，若再說第二次，就功力盡失，說了等於白說。

這就是「珍藏的王牌」非到最後關頭，絕不可亮出的道理所在。

要是手頭上的「棋子」已經用盡，也莫慌張。你可以運用對方的「棋子」，達到「以彼之語攻彼之語」的目的。譬如，你可以這樣說：

③從你的理論聽來，不也可以解釋成這樣嗎？這不成了跟我說的道理完全相同了？（第三招）

④剛才你是那麼說的，如今又說成這樣，這不是自相矛盾嗎？到底哪一種才對呢？（第四招）

老實說，以逸待勞才是最聰明的論辯秘訣之一。

你可以設法逼對方掉進理論的陷阱，使之無可自拔。譬如：

●起初，任他言所欲言，從中逮住口實，做為後來反攻的憑證。

●對方一掉入陷阱就馬上採取還擊行動。

當對方因而退縮或招架無力，也出盡了「棋子」，你就出動你的王牌，一舉逼使對方陷入進退不得的困境，然後，封住其口，致於死地。

對議論、辯論的精擅或是奇拙，情況就跟玩象棋時動「馬」移「車」，飛「炮」過「卒」，極其類似。以對方的「棋子」攻擊對方，是議論、辯論最管用的招數之一。

有關這個戰術，後面將以具體的實例詳加討論，在這裏，先把這個戰術套入各種場合，做個片斷的說明。有一種很叫人討厭的傢伙，那就是見了誰都要伸手借錢的人。碰到這種可厭的傢伙，你得「先發制人」。下面就是「搶先機」的例子：

●「晦，好久沒見了。聽說，你最近混得不差，口袋麥克麥克，真不錯呀。

有時候也該幫我這個老朋友一把吧？

最近，我的生意鬧不景氣，周轉很困難，碰到你可真是如遇救星啊！」

對方如此先發制人，而仍敢開口借錢的人，除非是心臟長了毛，臉皮厚得刀槍不入，否則，絕對辦不到。

他明知你是在撒大謊，但是，你這是等於一開口就告訴他：「借錢？免談！」

所以，他絕對不好意思扯到向你借錢的事。但是，先別太有把握，就有老奸巨猾的傢伙，碰到你「先發制人」的一招，他還是面不改色地改變戰術，非借到錢不可。

●「嗯，混得不差倒是另一回事。我目前握有一個賺錢的好消息，那才要緊呢。這並不是什麼大撈一票的生意，但，我估計至少賺個一百萬，應該跑不了。問題是在，資金稍微不足，你何不參加一份？這是最牢靠不過的事，你要是手頭不便，不妨向別人調些錢來認一股。利用別人的錢來謀自己的利益，那才聰明一等呀，你說是不是？」

這個傢伙可說是技高一籌，他反過來利用你預為佈署的防線，越牆侵入禁地了。他的著眼點在於利用人類貪心的弱點，所以，你切莫忽起貪念，自陷其阱（就算他說的話確實可靠）。你可以這樣反駁：

●「別開玩笑了，我要是有那麼一筆資金，何必麻煩別人？自己動手去做些小生意，還不是財源滾來？老實告訴你吧，我目前有個可以穩賺兩百萬的生意。你何不認一股，參加我的？至少，它的獲利率高於你說的一倍啊。」

就算對方是借錢能手，遭到你這種居高臨人的手法，只好知難而退了。

這一招，又不是正面地嚴詞拒絕，對方也發不了脾氣，只能唯唯而逃，你不但擺脫了對方的糾纏，也無損於友情，豈非一石二鳥？

不過，各位當然心裏有數，通常，光憑這樣的幾句話，就想向人借到錢，可不那麼容易。

打算憑自己的口才，把對方說服，使之朝著我們的意思而行動，這種說服的技術，比拒絕對方的需索不知困難多少倍，這是日常生活中，我們時時經驗到的事。

剛才那位借款能手，可說是應了「智者千慮，必有一失」那句俗語。

他犯了很大的毛病。什麼毛病呢？因為，他一開始就小看了對方，以為只要開口，事之成功易若折枝，沒想到，給來個「先發制人」，由於心裏無此準備，心一慌驟改戰略，想用「有一樁好生意，穩賺不賠」的餌，釣對方。

由於對方一碰面就戒意在心，於是以「撈一票的好生意，我也有，而且利潤之高，非你老兄的可比」這一招回敬，這叫做「以子之矛，攻子之矛」，等於把對方重要的棋子，一手奪了過去。

對方似乎無意借錢給您（大出意外），這時候不該心慌意亂。一眼看出對方不易就範，一開始就要使用「反語法」，使對方除去戒心。下面就是幾個例子：

1.我可沒有向你借錢的意思。

2.我無意請你幫我一把。

3.我才不會請你替我做這個，做那個呢。

4.我才沒有要你同情的意思。

5.我沒有請你這麼做的意思。

就算目的是使對方從口袋中拿出錢來，也莫操之過切，先得用這種口氣，使對方心寬而無屏藩。然後，在融洽的氣氛中，扯到「撈一票」的事，邊向他說明，邊徵求對方的意見。

⑤我覺得這是立刻見效的賺錢法，你覺得呢？（第五招）

⑥說說你的意見吧，你這方面的眼力比我高多了，很可以做我們行動的指針呀。（第六招）

如此這般，抬高對方的價值（也就是所謂的戴高帽子），把你手裏的「棋子」，暫時交給對方。這麼一來，對方就不免為之得意（這就是人性的弱點），拿著你的「棋子」，打出你要他打的棋路來。

⑦「我覺得這件事該這麼做。這一招比任何方法還管用哩！」（第七招）

使對方不知不覺中掉入你預設的這個陷阱，那麼，事之成功已經是八、九不離十了。

⑧「這個方法的確不賴，十拿九穩成功無疑，怎麼樣？既然成功無疑，請你助一臂之力吧

有你這樣的智多星，隨身在側替我策謀，我就篤定如山了。老實說，有人很想跟我合資幹這一票，但是，我總覺得與其跟別人合夥，莫如跟你合夥，做來才輕鬆、穩當。

這是我由衷之言，不過，我絕不勉強，只是聽您這麼一說，事情就有了把握，希望也不會落空。你就助我一把吧。」（第八招）

斷然下這樣的結論，您說，他既已列舉「必成無疑」的理由，怎能抽身而逃？

就算他有悔意，總不能辯說：

「我剛才說的，全是漫天大謊。」

他只有給逼得不得不說出你要他說的那句話：

「好吧，我盡其可能協助你就是。」

⑿逮住話柄使之動彈不得

——使對方跟自己步調一致的妙計

這一類「棋路」，也可以運用到推銷工作。一個推銷員如果善用此招，必定斬獲至豐成績拔群。一開始就讓對方心裏大安，然後，衝入其懷（逮住對方的話柄），「以子之言攻子之身」，逼得對方動彈不得……。

這種論戰方法，在說服術而言可算是最拔尖的。一般人經常使用的是下面的方法，如果口氣不對，或轉折無術，往往「一語撞倒山」，造成反效果，稍一不慎就變成拙劣的說服術，所以，使用時務必小心。例如：

●「以您老兄的知識程度，對這個理由當然知之甚詳。」

●「您對它全然不知？哪有這等事？我才不相信。」

●「您是故裝不知，對不對？」

●「這個問題，你應該了解的。」

●「您該有『乃公不出，其如蒼生何？』的想法呀，您不出面，這個問題是解決不了的。」

●「我相信您是個堂堂七尺之軀的男子漢，否則，怎會求您？」

●「我知道對您說這種話，是聖人面前賣孝經，但是，東思西想，還是不得不打開窗子說亮話呀。」

也有比這些更高一級的說服話術。例子如下：

●「我知道您必然這麼說，但是，進一層分析，它應該是這樣。」

●「我做夢也沒想到您會反對這件事。」

●「您的意見，我早就瞭然，倒不必多此一舉再問您的。」

最巧於運用這種戰術的人，他的話就顯得更尖利，更咄咄逼人了。例如：

●「這原就是您的意見呀，難道是我會錯了意？」

●「根據您平時的主張，它就是這樣，怎會錯了？」

●「它本來就是從您的意見來的，豈可反悔？」

●「您萬萬不會反對的，不過，為了鄭重其事，我還是再叮囑一番。」

以上所說的措詞方式，經常用來「拖人進入您的步調中」，使之就範，使您遂其目的。

這些話術，句句考慮到對方的心理反應，採取「搶機先、拔頭籌」式的措詞，所以，效果遠比把自己的論調片面強制於人，好到許多倍。

有些推銷員在談話時，常常把人間趣事或別人的話，套進話術之中，只要對象合適，而且合乎時機，效果也相當大。

例如，向喜歡羅曼蒂克或神祕情調的人，推銷高價品的時候，就說：

「哥德（註1）說過，……」

此話一出，您和您推銷的東西，一下子就給對方相當高級的印象，對方對您的親近感也隨著大漲。至於，哥德是不是說過那句話，老實說，無關緊要，只要您私自創造，而且夾著幽默的意味說出來就好，倒不必真的去翻查哥德的著作，看看他是否說過那句話。

例如，對企業家就搬出歷史上的偉人。

「可是，您也知道吧，拿破崙說過：『我的辭典裏面沒有不可能這個字眼』呀。聲名遠播如閣下，怎會說出這種客氣話？只要少去幾次夜總會，就可以買下這個價值連城的東西了。我的目的是幫助您成為更傑出的大號人物哪。」

這個收尾的話，可說是尊崇、激將兼而有之，由於這麼一兜轉，對方就產生了不妨買下的念頭。又如，對年輕女性就說：

「某某人（舉出的男性，必須以眾所公認的標準紳士為限）說過：『只要看到穿它的女性，我就覺得這個世界變得更多彩、更美麗』，可見它是多麼吸引人。」

當然，搬出這一招，必須抬出跟對方的感性、智性相應的男性，效果才宏。通常，只要拿某某知名人士的話做利器，一般年輕女性就躍躍欲購，很快就伏首稱臣。

還有一種反其通而行的方法。譬如，您說：

「使用這種化粧品，那些膽子小的男性，會以為卡門（註2）再世，唯恐逃奔不及呢。」

這句話可說是對方意料不及的驚人之語，也因而更具雙倍的推銷效果。

要是驚人之語仍然使對方猶疑不購，你就換個角度。來個側攻。

「說老實的，這個東西就有言語難以形容的缺點。那就是，它太高級、太完美了，這是它唯一的大缺點。」

如此逗她一笑，再聊些張家長，李家短的話，費時約莫五分鐘，藉此緩和她精神上的壓力。這一招，至為重要。就在她為了買呢，還是不買而心神交戰，緊張的精神趨於鬆懈的時候，才一鼓作氣，發動最後的攻擊。

「瞧妳，好像猶豫不決，為了讓妳斷然做個決定，我就特別便宜一成。就這麼辦吧。唉，碰到妳這樣的人，我只有認輸了。」

或者您也可以這麼說：「瞧妳這個人，也真壞。本來就有意購買，卻故意讓我心焦情急。我只好算妳便宜一成了。」

註1：歌德（JOhann WOlfang VOn GOethe 1749～1832），德國大文豪，與但丁、莎翁並稱為世界三大詩人。

註2：卡門（Carmen）是法國浪漫主義作家梅里美（Prosper Merimee, 1803～1870）最傑出的長篇小說。卡門是該書的女主角（吉普西女人）。此書發表於一八四五年。法國音樂家皮察爾（Bizol 1838～1875）曾經改變為歌劇「卡門」，轟動一時。描寫放浪不羈的吉普西女郎卡門，到處誘惑男人，具有野性和艷麗，一雙眼睛更具魅力。最後，她的情人唐荷西，由於妒火攻心，殺死了她。

⒀起死回生動靈機

——魔力不在言語而是在你的腦筋

靈機這個玩意，在任何時間、任何場合都會扮演起死回生的角色。它簡直就是為起死回生而存在的。假設，您想推銷一台電視機，可是，對方卻是個「硬得咬不動」（您簡直不是對手）的人物，您將如何應付？

我就是這麼一個難纏的準顧客。到目前為止，我還沒買電視。但是，奧運在韓國漢城舉行的時候，倒有點心動，打算買一台擺在家裡。

當時，我為了非耗一筆鉅款買電視不可，簡直要心疼流淚。還好，一位老友特地送我一台半新不舊的電視，算是省了一筆「冤枉錢」，可沒想到，居然有個不知天多高地多厚的傢伙，上門向我推銷電視來了。

對我這種死心塌地絕不想買電視的頑固人物來說，他八成施計無術，狼狽而逃的。我想。

當時，我毫不客氣地向那個推銷員說：

「我說呀，為了看那些無聊透頂的節目，花一大筆錢買電視，這不是奇笨加驢嗎？你還是少開尊口吧。」

您猜，那個推銷員怎麼說？

「好極了！就為了播放的全是些無聊透頂的節目，您才有必要買一台。

您是一位知識份子，一位文化人，是不是？只要有人開了電視，映在眼裡的全是無聊到不值一瞥的節目，您一定立刻躲到安靜的房間，看書啦，或是寫起東西來。也就是說，電視可以使您更專心看書，更專心寫東西，這不是充實自己最好的辦法嗎？

請問，世上有什麼促人更專心充實自己的機器？世界之大，恐怕是非電視莫屬。何況，電視還有催您睡意頓起的功用，這不是一舉兩得嗎？」

理由之妙，之入情入理，使我無詞以對。我痛感「一山此一山高」的道理，對那位推銷員高竿的話術，真是打心底服了他。

由於欲辯無詞，我只好買了另一樣家電用品，算是對他聊表敬意。

由此可知，言語之運用，如果不當就成為「毒藥」，使用得當就成為「良藥」，有時候可以發揮猶如刀劍的鋒利，有時候也可以使人哭，或是使人笑。

言語也能令人眉飛色舞，也能令人怒火千丈，更有催眠作用——您說，它簡直不就是「妖魔」？可要分辨清楚，它的魔力並不在言語本身，而是含藏於使用者的腦袋裏。

人，可以拿言語做武器，使之發生威力和魔力。一言以蔽之，言語的效用，全賴使用者如何發揮，它的為善、為惡，就在使用者方寸之間。

由於工作上的關係，我經常跟傳播界人士有所爭論。例如，我說過這樣的話：

「您們時時刻刻無孔不入地搜尋新消息，以及新鮮透頂的知識。所以，自認為再沒有比您們更有新知識的人。事實卻是：再沒有比您們腦筋最古舊的人。此話怎講？因為，新知識或新消息，在發生之後就不再是最新了，而且逐日變成舊聞和舊知識。於是，您們的腦袋就裝滿了那些舊知識和舊聞：如此推論，怎能說您們的腦筋是最新的呢？」

他們聽後不禁噗哧而笑，說我這是搬弄詭辯術。

不錯，這確是詭辯，但是，請別忘了它也是千真萬確的事實。任何新消息，在發生之後，馬上就變成舊聞，這個事實，其顛撲不破，就如春去夏來、夏去秋臨。所以說，一口咬定他們的腦袋裝滿的，是眾多舊知識，是舊知識的淵藪，的確是無可反駁的。

但是，根據這個道理，說他們的「腦筋」古舊不新，這就成了詭辯。因為，使熱門新聞成為事過境遷，不再是熱門新聞，也正是他們的職責之一。

這就是說，只要把某種知識告知眾人，它就成為不新鮮的知識。唯有不為人知的知識，才是新鮮度最高的知識。

假設，有一則新聞，是有關一千年前的，如果對第一次知道的人來說，它便是最新消息（hot news）。使消息變舊為業的記者，必須為了尋求最新的知識，不斷往前直衝。職責如此，腦筋若不太機靈，豈能擔當這種大任？日本有一位評論家曾經說過：

「偷竊一種知識就成為小偷，偷竊眾多知識就成為大名鼎鼎的學者。」

這真是「大哉之言」。所以，越有良心的學者，越把自己和別人的東西，截然劃清，從不幹「掠美」的事。

老實說，我本人在這方面也無法大吹大擂，說什麼「絕不偷竊別人的知識」，但是，至少不忘時常活用下面的格言，以補自己之不足：

「不斷產生新知識的泉源，捨邏輯莫屬。」

「思考是知識之母。」

也就是說，把別人的知識，透過邏輯，脫胎換骨，就成為新知（再創作），而將它據為己有，它就不再是剽竊或是小偷的行為了。邏輯可以使一個人的腦袋，充塞了眾多新知。

善於思考、勤於思考的人，他們的腦筋就能夠恆保鮮度和生機。當跟別人爭論、辯析，就成為跟「異派」過招，從「過招」之中可以測知，自己的知識和腦力，究有多少強度和正確度。

⒁言語的利鈍所產生的衆生相

——敏慧機伶，一語千鈞的話術

我在前面屢次提過，言語可以因用法不同，產生小刀、武士刀、斧頭、鋸子那樣性質相異的鋒利現象。

要是從我們日常生活中的會話裡，尋找這些例子，可真是到處可以一把抓，問題就在，一般人的注意力，不及於此而已。凡要用心觀察、傾聽、分析，您必然大有所悟。下面是從各種場合搜集的一些實例，各位不妨細加揣摩，多方運用。

●甲：「有人說，我很像陳水扁，可是真的？」

乙：「什麼話：誰說你像陳水扁？是陳水扁像你呀！」

●甲：「你別小看我，我還會駕駛飛機呢，而且，只費一個月就通過考試，你說，這簡直是一隻鳥了不是？」

乙：「噢？那你也像鳥那樣，可以停在電線囉？」

●職員：「喂，喂，工友老兄，你到底說了幾次才要送一杯水給我呢？真是的。」

工友：「抱歉，抱歉，只要您的尊體著了火，本人絕對火速送水來！」

●上司：「別看我現在幹的是這種小課長，以前呀，還是個經理呢。目前只是流年不佳，安於現狀罷了。」

部屬：「咦？我還以為您以前幹的是總經理呢？」

●前輩：「我是從窮無一文，闖出今天這種局面的呀。」

後輩：「我是從嬰兒長到今天這麼大，想來，可也不簡單呢。」

●甲：「你可別小看我，想當年，我還是台灣大學畢業的高材生呢。」

乙：「那，怎麼老是幹什麼都一事無成呢？」

●甲：「別看我一副瘦排骨的身材，打起架來，我可是從沒敗過。」

乙：「那，怎不加入幫派？加入幫派也許混得比現在好多了。」

●職員甲：「我每天都比別人早起一小時工作。」

職員乙：「噢？你太聰明了，那時候的電車，乘客極少，一點也不擠呀。」

●甲：「你是成為商場一方之雄的料子。」

乙：「真的？你認為我有那種天份？」

甲：「那當然，你那套撒謊技巧，可真是旁人莫及，這不是最大的本錢嗎？」

●畫家A：「我這一幅畫，不是畫得巧奪天工嗎？」

朋友B：「不錯，畫得很像一幅畫咧。」

●作家：「怎麼樣？批評批評我這一篇作品吧。」

朋友：「藝術大概就是指這種玩意而說的吧，讀了幾行我就昏昏欲睡囉。」

●客人：「這兒不是餐廳嗎？我已經枯坐一小時，卻只喝著開水，到底是怎麼一回事？」

服務生：「開水是免費的，別客氣，請儘管喝。」

●甲：「事到加今，我該怎麼辦？」

乙：「別急，只要不說話就行了。」

●女：「我這件衣服怎麼樣？穿起來是不是很合身？」

男：「豈止合身而已，衣服是妳，或妳是衣服，我簡直分不出來了。」

●婦女甲：「這枚是鑽石戒指。帶價廉物美的東西，我實在不習慣。」

婦女乙：「說的也是，鑽石就有很多贗品呢。」

●婦女A：「除非是貂皮大衣，我就是不穿。」

婦女B：「就是說嘛，貂皮大衣絕不是豬能夠穿的呀。」

●企業家：「我只靠一萬元起家，把公司經營到今天這種規模。」

朋友：「那天，我只花五十元玩賓果遊戲，就獲得五十包三五香煙，從這個例子看來，運氣比實力還重要呢！」

●路人甲：「借過，我正在趕路，真抱歉。」

路人乙：「不客氣，天國是來者不拒的。」

●A：「何必研究那種事？我才不相信它有什麼用處，你還是趁早歇手吧。」

B：「剛誕生的嬰兒你怎知道將來有什麼用處？你老兄何不說來聽聽？」

●男A：「大夥都這樣說你呢！」

男B：「噢？那你呢？你是怎麼說的？」

●朋友甲：「你還喜歡那個妞兒？」

朋友乙：「當然喜歡，否則早就給你橫刀奪愛了。」

●女性A：「妳的插花屬於哪一流（派）？」

女性B：「是天地自然流（派）不必繳學費，很划得來呢。」

●同事A：「我畢業於清華大學，你老兄是……？」

同事B：「我嗎？我是浪蕩大學畢業。」

●患者：「大夫，我還年紀輕輕地就臉上皺紋處處，可不可以請教消除皺紋的妙方？」

大夫：「那還不簡單，吃得好，睡得好，變成一個胖嘟嘟的人不就行了？」

●患者：「大夫，您看，我居然長出這麼多白髮來。為了它，我的青春變成一片昏黑，連女孩都不敢追了，也沒心情讀書了，如何是好？」

大夫：「嗳喲，這有什麼好哭的，你大可『以它為傲』呀。這麼年輕就長了那麼多白髮，是一件了不起的事呀。」

●朋友甲：「你這個傢伙，怎的這樣頑固呢？」

朋友乙：「沒辦法，因為對方太頑固了。」

●A：「唉，給你這麼一攪和，我的立場就站不住了，你且說說看，到底要我如何排解？」

B：「立場站不住？這就怪了，你現在不是站得好好的嗎？」

●鄰居A先生：「府上的收音機，倒是幫了我們一個大忙。由於無法入睡，整夜都不曾闔眼，小偷都不敢進來了。」

鄰居B太太：「唉喲，您這是說到哪兒去了，就為了府上的夫人吵嚷不休，我們才整夜開收音機的呀。」

●鄰居A夫人：「府上如何處理水溝淤積的垃圾呢?這些水溝的垃圾，實在叫人頭痛咧。」

鄰居B夫人：「府上的垃圾一面往我們的水溝流出來，這到底是怎麼一回事?」

●女：「請指出我的缺點，我保證盡量改過來。」

男：「是嗎?妳的缺點就是自以為沒有任何缺點。」

提到戀愛術，大夥都說，最重要的是如何把女朋友說服，以便手到擒來，得遂所願。

這種論調，並沒有錯到哪裏。姑且把言語這個武器搬出來，對準他和她的心，來個互相較量吧。語言之為用，全在使用者方寸之間。

它可以成為命歸黃泉的毒藥，也可以成為回春有術的神丹，也可以使對方怒而大吼，更可以使對方欣然色喜。如何善用，使它發生如手使臂，操縱自如的作用，全賴您的靈機、慧根。

且來看看如何巧妙拒絕「對方的求婚」。

●男：「沒有妳，我真的一天也活不下去。」

女：「這是什麼話？一天三餐，如果沒得撈，人也會活不下去呀。」

這一招保證使他像二愣子那樣，只知眨眼發呆的份。

●男：「我發現妳偶而會撒謊。」

乙：「可是，我討厭受你騙呀，有什麼辦法？」

這就分辨不出到底是誰在撒謊了。

●男：「就是死了，我在九泉之下也不會把妳忘記。」

女：「那又何苦?不如趁活著的時候把我忘了,不是省了很多麻煩?」

如此冷若秋霜，真個攀附無術了。

●女：「你別忘了我是宗教家的女兒，豈能愛上一個有婦之夫?」

男：「我是山中精靈（亦有「母老虎」的雙關意義）的老公，妳既是宗教家的女兒，合該尊敬我，順從我呀！」

這叫做人上有人，天外有天。

●女：「我不敢相信你，但是，我還是喜歡你。」

男：「妳倒是鑑人有術，唉，要是我會喜歡上妳，該有多好！」

話雖然說到盡頭，她還是無法離他而去。

●女：「反正，我是臉胖、鼻凹的醜女，要不是這副長相，怎會跟你這種德性的人在一起？」

男：「不，不，妳萬萬別難為了自己，我落魄到頂，也不干妳的事，請妳務必甩掉我。」

這就令人想起：「強者，你的名字是女人」那句話了。女人柔弱，為愛則強，信哉此言！

●女：「我怎麼做才會有男朋友？」

男：「這有什麼難？跟我約會不就得了？」

如此這般，她就跟他卿卿我我起來。

●女：「試試跟我談戀愛，怎麼樣？」

男：「我才不跟妳談戀愛呢，我想的是跟妳結婚！」

先讓對方大失所望，這就發揮了求婚的雙倍效果，這是相當高竿的一招。

●男：「反正，我是個渾人，否則怎會愛上妳？」

女：「反正，我是個渾人，否則怎會不愛你？」

這叫做半斤八兩，彼此彼此，誰也不必恨誰。

戀愛真是麻煩透頂的事，是不是？

第四章

如何消除「抬死槓」的局面？

(1) 邏輯可以自創知識

——把知識據有的邏輯式思考法

論辯的基礎，捨知識莫屬。沒有知識撐腰，任你淨講道理，對方才不那麼輕易地對您信而無疑。知識和「邏輯」相輔相成，彼此的重要性不分軒輊。問題就在，知識的腦筋跟邏輯的腦筋截然大異，這一點務必認識清楚。

到底「大異」在哪裏？

知識是靠記憶儲存於腦裏，當有其必要，它就靠聯想這個車輛，把知識從腦裡搬運出來。

邏輯是井然有條的道理。它可以從這些搬運出來的知識，再創更新的知識，然後，又儲存在腦裏。換句話說，記憶只是把知識「藏在倉庫」，邏輯卻可以在腦中把知識再創作。知識經邏輯的再創作後，可以更深刻地烙印腦中。

一般人認為，只要把書看得多，那些知識就屬於自己，從上面的說明，當知這是錯誤的（並不是真正地屬於自己）。

人，唯有靠推理、判斷，才能把知識完全消化，才能完全把它據為己物。不少人在書架上排滿（裝飾）了琳瑯滿目的書，說什麼「書香滿屋」，認為自己是跟別人迥然有異的知識份子而沾沾自得。我們不禁要發問：他們是不是真的把那些書的內容，據為己有？真的在自己心靈中，造成添血加肉的作用？

養成經常推理、分析這種習慣的人，就大不相同：就算書房中只有一本書，只要那本書的內容，勝過萬卷書，它就可以成為知識的基石，從中再創新知識，使它真正地屬於己有。

這一型的人，即使屋中沒有充棟的書，由於再創了知識，僅僅那一本書的內容，腦筋就夠充實了。我的本行是「大腦機能學」，這個學問把大腦只知記憶的機能叫做「事實的機能」，從知識中再創知識的作用叫做「推理的機能」。

頭腦次於人類的猿猴具有「事實的機能」，但是，絲毫沒有「推理的機能」。也就是說，邏輯能力是上天只賜給人類的恩典。憑此恩典，人類的社會在各方面比猿猴的社會優越、卓然，其中差別，簡直不能相提並論。

猿猴之沒有推理機能，可從下面的例子窺知一斑。

讓猿猴趨火取暖一次之後，牠就記住了這回事，日後見火，就懂得自動近火取暖。可是，身旁縱然有山積的木柴，取暖之後，牠就把火熄滅，不知繼續加柴取暖。這表示，猿猴不懂「火之所以會燃燒，是由於靠可燃之物——木柴」這個道理。這是最原始性的推理，猿猴卻對此懵然不知。

請別為這而油然生起優越感，因為現代人的頭腦，也逐漸跟猿猴相類了。君不見時下服飾界熱烈追求流行的風潮，以及對某種活動趨之若鶩，隨聲附和那種狂熱模樣？還有，一窩風猛跳猴舞，或搖滾舞那種昏然忘我的現象，不正表示了人也日漸類似猿猴，快失去推理、判斷的能力了？

最近，更盛行「考試的人生」這個新詞。什麼叫做「考試的人生」？人，自從呱呱墮地之後，隔不幾年就進入幼稚園。而後，從小學、國中、高中，以至於大學，至少要把十六年以上的時光，耗在一連串的考試中。終年不斷的考試，磨損了小孩的天真、生機，磨損了本該是生氣蓬勃的青春。經過一連串考試的磨損後，大學畢業踏入社會的時候，每個人都成為「考試培養而出的那一型的人」，也就是說，成為個性劃一，創機盡失的人。

所謂的考試，是給人一個問題和幾種回答，請被考者從數種答案中，擇一而答的「工作」。換句話說，對一個問題的結論，只問結果，不問過程，要被考者要往「目的」一躍而至。從這種過程來看，完全忽視了解答所需的「思考力」，設身處地來想，被考者的「思考力」，焉能發揮它應有的機能和作用？

這種考試型態，容易造成填鴨式的背誦，或是專憑第六感，再不就是胡亂而猜的現象。

在這種情況下，直觀力、記憶力或可大為增進，但是，顯然的，人類的進步最迫切需要的分析力、判斷力、省察力、推理能力……，因而大受漠視，甚至斷送殆盡。

因此，頭腦對結論或目標的轉動，就變得相當快，但是，涉及周密的沈思、無中生有之類的創造力，就無法隨心所欲地運用。

面對如此複雜多變的現實社會，這種硬給造成個性劃一的人，在職責上，雖然不至於玩忽失錯，平時也不大會惹出很大的失策，可是，一旦有事，卻很可能一下子就紕漏盡出，絕不是值得依靠的棟樑之材。

這也許是我們的杞憂。要知道，在現今這種社會架構中，此類「規格劃一」，類似齒輪的人，以「最大公約數」的看法來說，說不定就是各行各業惜如珍寶的貨色（人材）。

換句話說，站在經營者的立場而言是這樣的：

●即使是刻苦奮鬥，時有創見的伙計，由於創見必須跟革新有涉，那種革新說不定隱藏著一下子就斷送企業前途的風險。

●與其冒那種沒有百分之百把握的革新之險，不如多用勁勢不怎麼足，悍氣也不怎麼夠，但可以安安然遂行職務的「機器人式的高材生」。

也許，為了防止他們發生飛躍性的思考，或是拔尖過人的新見，才產生了大量製造「規格齊一」的人這種現代教育機構。這是我的看法。

各企業為了對這個制度有所配合，才制定種種規定，譬如：除非畢業於最高學府（通過「考試的人生」那種熬煉有成的人），本公司恕不錄用之類。

於是乎，不論張三李四，為了成為合乎這種規格的 elite（法語，精英、優秀份子之意），只好委身於考試這個「烤煉地獄」，把長時間的青春虛耗在裡面，使自己給「擠壓得面目全非」。

一般人把這種經考試就「熬烤」的青年，稱為「精英族類」，情況就如一把銳利的「小刀」，無關痛癢的場面可以應付得了，不至於扯出什麼大紕漏。

也就是說，這一型的人，拿它做為確保個人生活的手段，或是應付日常慣見的小糾紛，當可發揮倍於常人的處理能力。若論經驗之外的事，或是遇到比經驗其大無比的工作，他們就比想像中還脆弱，變得不堪一用，不堪一擊。

換句話說，只知記憶知識的頭腦，在這個時候就破綻百出，補救無術了。

臨危不亂，或臨事而機伶應變，最能發揮作用的，還是搭思考力、推理能力莫屬。

推倒一世之智勇（盡展經世的智勇），開拓萬古之心胸（開拓包藏永恆真理的心胸）——，這才是一個男子漢生命中最有意義的一件事。

不抱這種「開拓萬古之心胸」的豪氣，實在枉為堂堂大丈夫。在今日社會，「小刀式」的精英族類，為數頗眾，當這些人據於官署或企業的某些職位，對眼前瑣事雖然極少玩忽出錯，可是，要他們判斷二、三年後的情勢，預擬方策妥為佈署，可就嘎嘎難矣！

小刀式的精英族類，無法放眼遠看，更無法對規模略大的事機靈應變，說來，他們都是小兒科貨色，這叫做「鼴鼠飲河，不過滿腹」——前途之有限自可預料。

可悲復可嘆的，是這種「小才幹」、「小聰明」的人，在今日的社會卻大受歡迎、大受稱讚，想想，這種社會的品質焉能日有精進？

⑵知道得多不如弄清楚該知道什麼

——如何看一本書卻能發揮看十本書的效果

在此，我要請各位讀者細細盤算一下。

假設，終夜不睡，傾力看書，窮其一生究竟能看多少本書？

當然，您若這麼做，可以吸收到數倍於別人的知識，可要知道，如果那些知識不經消化就裝進腦袋，想必看後不久就忘得一乾二淨。

要真是這樣，看一百本、一千本書又有何用？這不等於沒看嗎？

就算那些知識全給吸收、消化了，世上的知識浩瀚如海，你消化的知識，又能佔它們之中的多少？幾萬分之一嗎？不，我想，連幾億分之一都沒有。

該知之事何其多，窮我一生能知之事又何其少，人，為這個無可爭辯的事實，能不嘆一聲「生也有涯，知也無涯」者幾希？環繞在我們四周的，是窮其終生也無法盡悉的未知的事物，之多、之奧，幾乎是無限的。由於這個緣故，重要的是：

「與其知道得多，不如明辨該知道的是些什麼。」

這個世界，多的是無用的知識，有害的知識，欺人盜世的知識，卑污苟賤的知識。對知識精於整理，善於整理，就等於把容量有限的容器——頭腦，利用到極限。眾多學者終其一生專攻一種學問，廢寢忘食的發掘知識的新領域。

為了某種小小的發現，他們往往要犧牲其他龐大的知識。

由於付出這種犧牲，有些學者就給封為博士，這不是表示他們成為學識博深的知識份子，而是表示他們成為「知識的開拓者」。

由於這些學者的孜孜努力，人類才發現了很多知識，可是，我們已知的事，卻沒有未知之事的幾億分之一，所以，姑且不管那些知識是不是真理，我們的首要之務，應該是思考：

「做為一個人，該先知道的知識是什麼？」

然後，逮住那些原理，從中了解更多的事實。唯有如此，才能發生「知一就知十」的作用。這個方法，可使我們在別人看完一本書的時候，發揮出等於看完十本書的效果。

不，「知一就知十」的意義，若擴而大之，就產生了跟「知十就知百」、「知百就知千」、「知千就知萬」同樣的結果。

這種頭腦的作用，就有可能使人類有限的知識，擴大到無窮無際。換句話說，之所以成為比別人擁有幾千倍、幾萬倍的知識，完全是靠這種「知一就知十」的作用而來。

這就是演繹法威力無比的活用方式。

只記得別人教的事，有何稀奇?教什麼就只記得什麼，猿猴都做得到呀。

人類之所以在知識上把猿類拉得那麼遠，是因為猿類知一之後還是知一，人類卻知一之後就會知二，知二之後就會知四的關係。

要做到知一就知二，知二就知四，頭腦必須具備比較、分析、推理、判斷的機能。人類之所以號稱萬物之靈，原因就在這裏。

(3)沒有疑問，就沒有眞理

——人類的特質在重視邏輯

具有比較分析及推理判斷的機能，人，才有號稱萬物之靈的資格，但是，很多人光是學習的事也懶得記牢，實在離譜太甚。

生活趨於忙碌是一大主因，可要知道，這種墮性一日不除，人類只有日漸開倒車，有朝一日，就會退化得做猿猴。

人之所以異於其他動物，是因為他們是「會思考的族類」。除非這種懶得思考的積久之疾一朝棄除，人類的特質和價值就蕩然消失。

另外，我們也必須對現代社會的特質有所警惕，那就是：

貧富的差距（也就是經濟上質量、等級的差別）日漸拉遠到天文數字的同時，頭腦的差距（知識上質量、等級的差別），也以進化學的規模，日漸拉遠。

在學校學習的基礎性知識，當然有其必要，但是，說穿了，那一類的知識，只要翻閱每天的報紙也可以具備在身。比這更重要的，應該是學校不會教的，最基礎的邏輯性的知識。

做為一個人，想在這個競爭日趨激烈的社會生存下去，萬不可失去這種邏輯性的能力。

一個人，一旦喪失了這種能力，在任何聚會、任何討論、議論、論辯的場合，提出任何主張，將缺乏一語萬鈞的說服力。而目的難遂之時，看你如何卓然有成？

更清楚的說，光是擁有靜如死水的知識，並不值得驕傲，遑論拿它傲視眾生？

一般人認為，有知識的人當然比沒知識的人值得自豪，但是，若只是擁有靜如死水的知識，那又跟沒知識的人有何差別？孟子『梁惠王上篇』說：

「……兵刃既接，棄甲曳兵而走，或百步而後止，或五十步而後止，以五十步笑百步，則何如。曰不可，直不百步而已，是亦走也。」

這種「以五十步笑百步」的現象，很可以拿來形容前面所說的「有知識並不比沒知識有何差別」的事實。

所謂的知識，只要你有那種求知的意願，查查辭典、看看書，立刻就手到擒來，這種人人做得到的事，有何稀奇？人，足以自豪的應該是「搶先曉得別人不曉得的事」。

這就跟登山家不惜賭注生死，決意攀登人跡未至的山峰那種心理絕似。登山家只有攀登誰都沒攀登過的山，才能獲得實質的名譽。

一般人常對爬山者何以不顧生死、艱難，不斷向千仞絕壁挑戰的事，感到莫可思議。如果問他們為什麼幹出這種看似毫無益處的行為，他們的回答一定是：

「因為那裏有一座山，所以，非征服它不可。」

同理，科學家也會說：「埋頭研究看似一無益處的事，是因為對它感到疑問，所以，非把它究明不可。」

由於有了疑問，所以，向它挑戰，所以，真理終被發現。也就是說，沒有疑問，真理就不會被發現。很多人即使眼前有一座未經征服的山，也無意去攀登，同樣的，即使面對疑問也無意征服它。

這種人，為了勉強征服這一座「小山」，就油然生起優越感。他們絕不肯相信自己未攀登過的山。因為，要是相信它，自己的優越感就消失無蹤。

這種排外的習性，越是以知識為業的人，越是強烈。這種知識份子，在目前的社會多得滿山滿谷，他們盤據於各自的小山寨，當一個「小頭目」，只知為自己的小有成就，而自鳴得意。

(4) 利用歸納法、演繹法的論辯術
——如何脫離不休止的論辯

越是無知，疑問越多——這是一般人的想法，事實上，全然相反。人，並不是因為無知才發生疑問，而是所知越多，疑問也越多。

對任何事該疑不疑，因而給斷為「低能」，那是勢所必然，你能反駁？疑問越

多的孩子，長大後越有發展性——這是不辯之論，也是眾所周知的事實。

孩童的頭腦，起初，跟狗啦猴啦，並沒有多大的差別，只因人類的孩童比牠們更能發生疑問，才隨著歲月的增長，把腦筋的差距愈拉愈大，從類似狗的腦筋，進為猿猴的腦筋，最後，又進為人的腦筋，是如此逐月成長、蛻變的。疑問的深度，差別之大，有若天壤。

孩童的疑問跟大人的疑問，有雲泥之別，同理，一般人的疑問跟大學者的疑問，亦有霄壤之分。疑問越有深度，才越有可能發現高層次的真理；疑問越大，偉大的真理才越有可能被發現。關啟這個謎底的關鍵之鑰，便是演繹法和歸納法。如有善用它們的頭腦，就成為能夠推理判斷、比較分析的「思考力」。

論辯的時候，如要運用歸納法或是演繹法，如何進行邏輯上的推論？

在歸納法而言，是先舉出種種例證，然後，指出每一種例證的共同點，由此引出結論來。

物理學上的法則，使用的全是這一招。但是，用這個方式樹立的法則，如果有人發現任何一個與此法則相反的例證，這個真理就連根被搖，終至轟然崩塌。

反過來說，若有某種「假設」，經實驗而被證實（即使只證實了那麼一次），那條「假設」就被公認為一種真理。因為，但憑日常生活的經驗無法證實的「物理學上的法則」，只要有一次實驗宣告成功，就給當做證實了真理的「正當理由」。

所謂的真理，由於具有不偏不倚的性質，一次實驗若告成功就等於連做幾次，結果亦雷同。

要是不出現同一種結果，它就不再是真理了。

如果把這個原則，運用到日常的論辯上，又當如何？

我們經常為「神是否存在」而論辯不已。現在，就拿這個題材，說明合乎邏輯的推論是怎麼一回事。這個世界上，到底有沒有神？

篤信宗教的人，總是舉出「因祈神而使疾病霍然而癒」、「靠神明的保佑而得救」之類的眾多例子，強調世上有神。但是，疾病霍然而癒啦，靠神佛保佑而得救啦，這些現象是不是因神佛之力而如此，並沒有辦法加以「證實」。

就算有辦法證實，也無法把那個實例搬出來讓人親眼目睹，藉此信之無疑。

所以，任你把發生奇蹟的事實，說得口沫橫飛，這件事只會成為「無休無止的論辯」（沒有結果）。之所以如此，在於「神佛」這個人稱神聖的偶像，從來沒有出現在我們眼前，讓我們看個仔細，或是可以讓我們趨近，隨意觸摸。

就算有人看過、觸摸過，在論辯的場合，主張世上有神的人，仍無法把神明的姿態、身段、風采，或是顯現過的奇蹟搬到現場，在眾目睽睽中加以說明、證實。

由此可知，要把世上有神這回事做直接的證明，可說是欲證無術。

要證明世上有神，只有被迫走「間接證明」的路子。

於是乎，有人就說，我遇過這樣的奇蹟、那樣的奇蹟……，舉出這些例子，滔滔說明。

可是，他們所說的奇蹟、顯靈，是否可信，到頭來，又成為一種「無休無止的論辯」，結論還是無由產生。所以，這一類難以證實（當場加以證明）的事，只有靠邏輯方式加以推斷了。

一般談論神明是否存在的人，忘記了最緊要的一件事，那就是：「什麼是神？」這個問題。

不給神明下個定義，就論辯不休，任你有傾天動地、翻風覆雲的三寸舌，到頭來，只能以「前言不容後語」而終。

要論辯神明是否存在，最好的辦法應該是先論辯「神的定義」，這才是解決這個問題的捷徑。也就是說，先讓對方領悟「神是什麼？」之後，使其自動肯定「神，的確存在」的事實。

這不屬於發現真理那種方式，我們管它叫做「轉化法」，是拿比喻性的例子做為使對方屈服的武器。下面是一個例子。

假設A是主張世上有神，B是主張世上無神。A可以用下面的話，向B發動攻擊。

A：「神是什麼？我們且先對它下個定義。」我認為，神是擁有某種心靈、某種生命的東西。至少，神是有生命的東西，所以，祂絕不高於人類。

此話怎講？因為地球上並沒有比人類更高級的生命。所以，只要把這個問題限定在地球上，那麼，尊稱人中之人，具有人類最崇高精神的耶穌，或是釋迦牟尼為神、為佛，誰也無法對這個事實，有何異論。也就是說，神是人類理想的偶像，是精神最進化的人。所以說，最進化的人類就成了神佛。」

這種論斷合乎邏輯的理論。只要把神的定義加以肯定，B就只有屈服一途。

於是，為了反駁A，B就要思索：「這個論調的要害，到底在哪裏？」

他會想到，關鍵在於把神佛當做有生命的實體。只要朝這個要害加以還擊，A的弱點就顯出來。所以，B可以怎樣反駁：

B：「把神當做有生命的實體，那，請問，祂是誰創造的？你說，人可以進化為神，那麼，我們的生命到底從何而來？這個宇宙又是誰創造的？出現人類之前，並沒有神？請先把這個問題弄個一清二楚。」

這種詰責式的質問，目的是在誘導A的論點來個轉向。B打算把問題扯回史前時代，藉此打垮神有生命之論。這是論辯上的一種巧計。

但是，A已經早有戒意。他之所以把神定義為有生命，並不是他的本意，只不過是打算用生命論一鼓作氣地決勝負罷了。B也非弱者，當然不會輕易掉進A預設的陷阱裏。

所以，B就暫時把神是否有生命束之高閣，搬出另一個疑點，向A追究。

A當然知道B的用意。他並不正面反駁，故意對B的問題做如下的回答。

A：「生命來自何方，迄今為止，還沒有人究明清楚。生命源自宇宙，但是，宇宙由何而來，也是未知的問題。是先有生命，還是先有宇宙，科學也無法證實。但是，有一點是可以斷言的，那就是：宇宙中有生命。不，這個大宇宙本身就有大生命，它有巨大無比的意志和力量，這是毋庸置疑的事。

這個巨大的意志和力量，便是神。也就是說，人的生命，源於神，不斷重複著輪迴、轉生的作用，最後又回到神那裏，如此周而復始，生生不息。神是宇宙無所不知，無所不能（全知全能）的生命，是萬有萬物、森羅萬象的造物者。」

A的說法，對B而言是恰中其懷，他就逮住機會，展開他的理論。

B：「你說的話，似乎有它的道理。但是，把宇宙和生命的根源，歸於神這個沒有實體的東西，實在難以令人信服。

既然不知宇宙的起源，理該以人類的智慧來解決它。因為，能夠解開這個謎的生命，以世界之大除了人類之外，別無他人。現代科學在這方面，已經略有成就。

譬如，當今的量子理論，有辦法把物質的粒子以一公釐的一兆分之一那麼極微小的單位來捕捉，也研究出那些粒子本身就是能量、精力之源。也就是說，所有的東西都是能量疊積成塊的結果。

這種能量的粒子（也就是量子的作用），造成了宇宙的森羅萬象，也成為宇宙萬有萬物的根源。換句話說，大宇宙的根源，拿能量之說就能解決。

我們可以解釋為，那是個到生命能量的總和。也可以解釋為，那是宇宙上生命能量個別的顯現。若說神是宇宙的創造者，那麼，根據這個推論，生命的能量（量子）才是神。

所以，何必故弄玄虛，給能量冠以神這種看不見、摸不著的名詞？這個宇宙的真相，又何必搬出神來解釋？用量子理論不是可以把它解釋得更明確嗎？」

B的這種理論，振振有詞，似乎把A逼得招架無力。

可是，對B這一套論調，A當然知所防範，不然，他何必一開頭就搬出「神的絕對性」？

A沈默一陣子之後，突然改變口氣，發動了凌厲的還擊。

A：「你以物理學上的能量，頂替了生命這個字眼。那也無礙，可曾知道，你已經把精神的存在忘得一乾二淨了？精神是跟物質全然不同的東西呀。

請問，你可知道我們人人具有的心靈，究竟是什麼？你可知道心靈的意義又是什麼？不管科學進步到什麼程度，都無法把人類心靈的巨謎消除，那是永恆之謎。心靈絕不是能量，更不是物質。因為，心靈可以創造無限的意志、無限的思想、無限的希望。

萬有的能量，雖然可以發揮物理性的力量，卻無法造出意志、思想、希望，這一點，你是怎麼也無法否定的。不說別的，你剛才說的理論，就不是來自能量，更不是物質的力量，而是來自你思考的結果，對不對？

站在科學的立場，我並不否定你說的有關能量的理論，但是，莫以為運用科學，就能把世上所有的謎都能解決，這種想法，是人類的倨傲不遜造成的，也是一種莫大的錯誤。

拿你正在思考的心靈來說，也是科學永遠解不開的謎。但是，對這，神卻是無所不知、無所不曉。即使不把神假定為：『創造萬有萬物、森羅萬象，宇宙間巨大意志力的發源體』，對神的絕對性和祂的存在、祂的權威，還是一無所損。因為，神本身就是巨大宇宙的大靈。

神不是物質，所以，無法用能量啦！物質啦！法則之類的東西來說明，祂超越了這些——祂是偉大無比，實際存在的東西。

神，本身就是宇宙的生命。祂的生命擁有巨大心靈的能量。這種心靈能量，可以創造出林林總總的物質、形形色色的現象。這是物理學上所顯現的事實，可別忘了，神，本身就是生命，而不是能量。

神，創造了宇宙，祂是絕對性的意志，也是實際存在的東西。」

這一場辯論，至此愈趨白熱化。因為，論點總算觸到了神的核心。而且，有關精神的問題也登場了。對主張世上無神的B來說，這正是最感頭痛的，論辯上的要害，也是他論辯上不共戴天的大仇。

B已經確知，拿物理學上的調調跟A對決，只有自認困境，無可自拔。因為，繼續走這一條路，一場論辯只會順著平行線，綿綿不止，這是很顯然的事實。

與其把論辯帶進無休無止，不得結論的場面，不如衝著「神」的存在這個問題，發動攻擊，把它徹底粉碎，反而來得容易。這一點，他當然心中有數。

於是，他就想：暫且把「精神之謎」束之高閣，設法對「神的存在」這個問題，揮出銳利無比的一刀。B沈思了一會，又展開了他的另一論調。

B：「你總是把人類無法盡解的謎，替換成神秘的東西，設法躲入『神的宗教論』這個避風港。這不是解決問題的正當方法，我認為你是在想辦法規避問題的疑點。

你說，神本身就是宇宙的生命。也說，神就是宇宙中創造意志之源。可是，容我發問，光靠意志就能創造萬有、萬物？也能創造生命？

根據現代物理學的說法，生命是由空氣和放射線元素造成。譬如，地球初期的空氣中，含有氨（Anmmonia）、沼氣（methane）、氫等等元素，所以，只要把這一類空氣，用人工的方法造出來，然後，以電子、陽質子（proton）、珈瑪線（gamma ray，放射線的一種）之類的放射線，長時照射，就可以在空氣中造出多種有機化合物。

這些化合物當中，甚至含有形成蛋白質的氨基酸。由此推論，只要知道了何種有機化合物且有生命，人，就有可能創造生物。

宇宙中的物質，無不是如此偶然給地上帶來生命。生命的神秘，何需搬出『神』來加以說明？物質彼此結合，生命不就必然地在大自然中產生了嗎？所以，即使斷說：『所有的東西都產自一個素粒子（原質點）』，也絕不違反了現代物理學的常識。生命從素粒子中萌生，因此，即使沒有生命，素粒子仍可存在，但是，如果沒有素粒子，還能談什麼生命？

拿世上有神，以及有關神的假設，打算把所有的存在物、所有的疑問、所有的論理混為一談，這是最安逸、最沒道理的思考方式，至少，這是自稱有智性的人不該有的態度。」

經此一擊，A會作何感想？他知道B是個不易對付的人，但是，就沒想到他會

「白刃相交」到這般程度。話是這麼說，A何許人也，當然不會這樣就給逼得欲辯無語。

A：「B兄，你把心靈和物質混雜在一起了。你的詭論總算露出馬腳了。

你說，連生命體都從放射性元素和空氣結合而成。不錯，房子由木材造成，舟船由鐵材或木材造成。水由氧和氫合成。所有的東西，都必須由『物體』造成。這種事連三歲孩童都知道，問題就在，由誰來製造、完成？如果沒有意志這個心靈作用，任何東西都無法造成。

世上眾多東西，都是由人類製造的，但是，人類無法造出來的東西，全都是神創造的。

沒有『物體』就造不出『物體』來，這是你說的。但是，請問，『物體』裏面可有創造『物體』的心靈（意志、精神）？

人，利用各種物體，把物體當做工具，從舊物中創造新東西。

神，以五種元素創造了這些人。

人的心靈跟神的心靈，本質上雖然相似，若論規模，就像人跟宇宙那樣，是無法相比的。你為什麼否定這種實際存在的現象？難道你有非否定不可的理由？否定神的人，他們的心靈從來不去領悟大宇宙存在的意義，夢想把一切埋葬於虛無的論理中。

他們只重視自以為是的合理性、自主性——其實，那都是既不合理、不自主的把戲，傲慢而狂妄地嘲笑宇宙根源的意義，以及人類想領悟真理的心靈。在他們這種傲慢、狂妄的心靈中，豈能看到神的旨意？他們給獸性的慾望、智慧、思想束縛，只能看到、想到生物性、肉體性的存在，真是不值言談！」

A用激昂的口氣，滔滔而辯。一場論辯，似乎就此告終。因為，該使出的理論、理由，都傾巢而出，再爭辯下去，只會使對立的論點更趨尖銳而已。

雙方的言辭，開始出現一些或可傷及對方感情的銳言利詞，一場爭論似乎就要陷入互揭其短的泥沼中。除非改變論辯的角度，僵局似乎難以打開。

以目前的情況來說，B已經給逼進專心防守的局面。他如何仆而復起，執戈再戰？B搬出科學論，A就以宗教論還以眼色。如此下去，只會造成水火不容的局面，雙方所論，也只會平行而進，而勢之所趨必然口出憤激之言，傷及彼此的感情。

於是，B只好見風轉舵，改變角度，向A的死角來個最後的突擊。

B：「你說，世上有神，那麼，請問，這個世界為什麼充滿了這麼多不合理、不幸、貧困、災難？神之所以為神，當有慈悲為懷之心，容不得發生這種現象的，你說呢？」

這個極其單純的疑問，是世人常懷的疑問，也是不少人耿耿於心的不滿。不少人屢被不幸摧垮，為了得救，就向神明祈福、祈願，可是，一旦知道了祈福無效，祈願落空，往往也會咒罵上天，甚至拒認神明的存在。這樣任性、自私、擅專，可說是不識本份，無理至極。所以，A立刻逮住這一點，以反扭的方式，向B展開還擊。

A：「你且想想，如果這個世界到處至善至美，人人都幸福無邊，日日得意，誰還會想到神？在那種情況下，神，已經變得無其必要，眾人不就想都不想神明實際存在的事了？

人類就是這麼任性、自私、擅專的動物啊。神，當然知曉這回事。因此，一方面給世人適當的不合理和苦惱，另方面也給世人適如其份的欣悅、快樂之類的幸福，時而讓他們有所檢省、有所思維、有所疑迷，促使他們自動想起神的存在，自動信神。這些使之不幸或幸福的現象，全是一種神啟。

社會上發生的種種事件，生活上的浮沈，人間的禍福——只是神意的片斷而已，在那個人完全覺醒之前，好多事件還會不斷出現的。人，必須領悟這個真理才對。」

B認為，A這種反扭式的理論，是一種詭論，但是，可有什麼辦法推翻？就算A的理論是牽強附會的誑騙之論，想推翻它，老實說，不容易頓現靈機。審度情勢，A已經奏凱有望，勝算在握了，不僅此也，B還挨了A一頓訓呢。B心中又氣又惱，絞盡腦汁，想報這一箭之仇。

可是，論點已經扯到宗教論，而且，肇事之因（導火線）由B而起，B當然不能把話扯回去。於是，B只好把平時對宗教抱有的疑問和不信任感，訴之口端，使它爆發開來。

B：「好吧，現在我有一句話要鄭重地向你說。」

他氣概未失，打算拼鬥到底。瞧他的口氣，顯然是要亮出最後的王牌了。

B：「你把世上常見的不合理現象，以詭論搪塞過去，也以詭論辯護神的失敗。有神存在的這個世界，如果充滿這麼多不合理的現象，全知全能的神的智慧，根本沒有存在的必要——有了它，反而阻礙了人類的進步。

信神佛的人認為，善有善果、惡有惡果是一種神意，拿這種因果循環，報應不爽的法則，來迷惑眾人。且請放眼四望這個世界，哪裏有什麼神意？大部份的好人還是既貧又苦，大部份的壞人卻既富且榮。

無辜的小孩給卡車撞死，心地清純的年輕人死於戰場──這叫什麼因果循環？叫什麼善有善報、惡有惡報？有人逼於生計，連做小偷的膽子都沒有，只好全家自殺；有人為了嫖女人，不惜搶劫殺人。另一方面，有些人為了不肯讓投資人吃虧，寧可賣地賣屋，清償債務；有些人卻寧可瀆職犯法，以便爬上高官的寶座。

希特勒殺死了八百萬猶太人，他難道是為了破壞世界和平而受神的庇佑，成為德國的統率者？史達林那個魔鬼，不就是殺害過去的同伴而位極人臣？神，為什麼賜給這些殺人魔那種霸力？例證斑斑，但是，信神到底的人，還是認為這都是神的旨意，而噤若寒蟬。

遇到災難就認為，那是人類作孽的結果，是前世註定，對這些現象胡扯一通了事。就算人間的不幸是源自過去或前世作孽而來，請問，耶穌為什麼給釘死在十字架？

日蓮（一二二二～一二八二，日本『謙倉』中期高僧，日蓮宗祖師，著有『開目鈔』、『觀心本尊鈔』等）為什麼給放逐荒島，差一點就遭到斬首之刑？這些災難，難道都是耶穌、日蓮惡有惡報的結果？」

B的話鋒異常凌厲，大有必勝之慨。B的論辯技巧，可說是妙到極點。他的戰術對科學家或不信神的人來說，是個不足一道的疑問，但是，對虔敬神佛的人而言，真個說中了要害。A如果無法把這個盲點埋掉，只有棄甲投降。

事實上，釋迦牟尼也好，耶穌也好，都以善有善報、惡有惡報的因果律解釋心靈的力量，以及人際關係所產生的必然法則。

又，愛因斯坦的相對論是說，宇宙的萬有、萬物都由粒子能量的離合聚散而產生，由於雙方相對的力學關係，森羅萬象就從中而生。

這些理論都涉及世上相對的因果論，佛祖和愛因斯坦所說的精神、物質，在表現上雖然各有差別，但是，在解釋因果的法則方面，卻二而一，一而二。

加把因果律扯到行善必有善果，行惡必有惡果的宗教理論，在邏輯上就成為一種大問題。因為，這會造成一個結論：那些因果裏面是否夾有神認為是善或是惡的意志在內。

要是說，有神的旨意在內，何以號稱神之子的耶穌，竟被壞人釘死在十字架上？理論上這是講不通的。佛祖對這個道理也曾經大惑不解，造成他放棄印度第一的王位、美姬、愛子，出家修行的原因。

他為了脫離這個迷惑，整整費了七年時光，可見我們這些凡夫俗子，是更不容易了悟個中奧義了。B拿這個疑問詰究A，難怪善言能道如A，也要大吃一驚。

這個難題，任何宗教家也不見得能夠應聲回答，A到底要如何擺脫這個困境？要是答不出來，這一場論戰，A只有全面敗北了。

B以勝利在前的眼神，注視著A的嘴，等著他如何回答。他想，A八成回答不出這個問題。

B信心十足，搓拳磨掌地等著A怎樣開口。沈默籠罩在四周。

A總算緩緩開了口。從他嘴裡說出來的，是一般人聽都沒聽過的理論。聲調之莊重，令人幾疑為是神之聲。

A：「牛，吃草而活。人，宰牛來吃，靠牠填飽肚子。牛，靠人類餵牠牧草。鹿，吃草而活。獅子抓鹿來吃。人，會殺死吃鹿的獅子。人，也要保護草……。

這就是說，神，君臨於宇宙輪迴——大調和——之上。大調和（大自然中的生滅）正是神的旨意所在。善惡、正邪是人類想出來的倫理（道德），跟神的干預、參與無關。

神，並不想到善惡、正邪。神，君臨一切，神，也超越萬物。那是絕對的『無』，也是絕對的『有』。由於這個緣故，人類無從猜測神的意志。何況，打算藉神的力量來滿足一己的慾望，實在是休想，休想。人類對神只能做一件事，那就是順從『神意』。

神意到底是什麼?它就是佛祖闡揚的佛法，耶穌闡揚的聖典。耶穌是自己給釘上十字架，而不是神命令他上十字架。他上了死亡的十字架，卻有了代價——贏得愚蠢到無可救藥的人類，虔誠的信仰。那是他運用神意必然的結果，我們從這裡看到富於人性的，耶穌的睿智。

把耶穌釘在十字架的人；殺人魔王希特勒成為德國當時的英雄：這就像人的吃牛、吃馬，獅子的吃鹿那樣，全是同一性質的現象，是屬於自然界、人間世發生的無數現象之一。

對神來說，現象是『無』，而不是『有』，它更不是『實在』，也不是『實相』（真如）。神的心靈並不存在那些現象。現象只是瞬間的存在，它並沒有永恆的生命。」

A說的這段話，如泰山壓頂，使B再也沒有勇氣去反駁。

B終於敗給神的定義，敗給神的「實在論」。

(5)說倒巧辯者的秘訣

——把反擊的立腳點一掃而光

前面說過的有關神的辯論實例，以內容而言，是相當高層次的理論，只要學通這種程度的辯論，一般常見的討論、爭論，都能輕而易舉地應付過去。

唯一要注意的，是無須一一抓住對方的短處（吹毛求疵），逐一反駁。那麼做，論點就趨於枝節末葉，無法進行理路井然（有系統）的論辯。

現在，我們來談談如何對付「巧辯者」（善於說理或揑造歪理的人）。巧辯者說的話，總是理路井然，如要跟它相搏，至為困難。

「哼，這有什麼難？就來個以毒攻毒，我們也用歪理來對付，這不就結了？」

也許，你會這麼說。就算你反駁的道理正確無誤，這麼一來，兩種道理就形成尖銳對立的局面。

因為，如果一方說：「豆腐是四角形的東西。」這個道理，乍聽正確無比，但是，別忘了豆腐因切法不同，可以變成圓形，也可以變成三角形。窮說道理（歪理）的結果就是這樣。由於雙方的道理都沒錯，兩種道理就全然對立，任你如何強辯，勝負不決，徒喚呼呼，這又何苦？

目前，在日本國會常見的爭論，就屬於這一類「掰理式」的論辯。雙方為了掰理，爭得口沫四濺，到頭來還不是無法辯出一個結論？因為，這種問題的特徵是何者為對，何者為錯，都不可能斷然下語，為它爭論，豈非徒費口舌？就算有了結論，也是根據一己的立場和利害關係，硬擠出來的，勢必各有千秋。

這樣的論辯，爭得再久也是茫無邊際，勝負之定遙不可期。

到底怎麼做，才會給好講理的人致命的一擊？對付這種人，無須陳述自己的道理，因為，那是徒勞無功，無補於事。最好的辦法是針對對方的理由，來個連根而拔。

一般人不曉得這一招，只知一逕跟對方掰道理，所以，弄得兩種「相似的道理」彼此對峙，結果是無休無止，爭不出一個令人悅服的結論來。

如何把對方的理由「連根而拔」？你要從跟以前截然相異的角度，採取攻勢。

譬如，採行反其道而行的僻論，或是比喻法把對方的理由摧毀。

也就是說，將對方的道理套入某種譬喻的話裏，把對方的錯誤，藉那個譬喻做個不容分辨的證明。

如此一來，對方論辯所據的立腳點，就給一掃而光，被逼得啞口無言。

要是對方死不認輸，還想做困獸之鬥，他就非搬出另一種譬喻還擊不可。這就要靠過人的智力和靈機，才不那麼容易就妙計頓現，由於其難如此，對方只好緘默無言，同你豎起降旗。

(6) 產生正確結論的方法

——小心論點被頂替

有些輕浮型的傢伙，往往胡亂揑造個歪理就面不改色地跟你抬死槓。

譬如，他可以這樣說：

「豆腐全是四角形。四角形的東西屬於箱子之類。所以，豆腐跟箱子絕似。」

跟他旗鼓相當的人，也可以面不改色地搬出下面的歪理來對抗：

「豆腐的顏色是白的。雪的顏色也是白的。所以，豆腐跟雪絕似。」

這兩種三段論法，所言都有道理，因此，雙方堅持不讓，就這樣對峙不已。

這就造成無休無止，勝負難定的局面。這時候，你該如何展開論辯，一舉致勝？你可以在這兩種三段論法上，再配以另一種三段論法，將對方的理由推翻。

下面就是一個例子：

「你說，豆腐很像箱子。你又說，豆腐也很像雪。這麼說，箱子和雪必須很像才對，事實上，箱子和雪一點也不像。箱子是四角形，雪是白色的東西，所以，豆腐的顏色雖然很像雪，但是，論形狀它卻很像箱子。」

採行這樣的方法，這個問題的正確結論才會產生出來。

你必須熟練論辯上運用極廣，宏效可期的歸納法，然後大加利用。使出歸納法，該如何推展您的論點？下面就是一個例子：

●豆腐是好吃的東西。

豆腐是四角形的東西。

豆腐是白色的東西。

豆腐是冷的東西。

豆腐是柔軟的東西。

所以，豆腐一定是把豆做成「寒天」（註1）那樣的東西。

這是把多種事實總括一處的手法，所以，對結論的確立來說，精確度相當的高。演繹法則是反其道而行的手法。如果遇到上面那種內容，該如何運用演繹法？下面是一個例子：

● 豆腐是把豆做成「寒天」那樣的東西。

所以，豆腐必然是四角形的東西。

也必然是白色的東西。

也必然是冷的東西。

也必然是柔軟的東西。

它的好吃也是必然的。

前面提到的歸納法的例子，只是提示了它的一種型，事實上，它可以運用到更高層次的內容。下面就是一個例子：

● 聲音是怎麼來的？

它是空氣的波動造成的。

光是怎麼來的。

它是粒子的波動造成的。

也就是說，地球上的一切物質，振動時，都有各種不同的波長。

演繹法跟歸納法相反，是從它的結論追溯而上，藉此證明想證明的事。

● 萬物振動時發出各種波長。

所以，空氣振動就發出聲音。

粒子振動就發出光來。

道理的種類，開頭到末尾，有最好到最壞，真個三流九等，不一而足。

道理有所謂人人皆知，似是而非的謬論（強詞奪理型），也有乍聽昏然不辨的歪理。

但是，智力高強的人，對任何歪理、謬論都能洞若觀火，所以，有人說，從能不能看出道理之內涵，可以測出一個人的智力，這倒是不無道理的話。

可要知道，低級貨也好，高級貨也好，都夾雜了相當多的冒牌貨，如不具備一眼看穿的眼力，不具備對任何謬論、異論，即時駁倒的論辯力，您將不察內情，被矇混而不知。

最容易被朦騙的是「論點的頂換」這一招。

請細讀下面的一段話，好好思考論點是怎樣給頂換了？

●豆腐絕不是由腐敗的豆造成的。

豆腐是把豆放進石臼裏，磨陪出來的。

納豆（蒸後發酵的大豆，食品之一）是發酵、腐敗的豆造出來的。

所以，「納豆」就是豆腐。

這一類的詭論，到處可見，我可要請問各位，是不是看穿了這一段話裏面的詭辯手法？

註1：寒天，又稱洋粉或瓊膠。是把石花菜的粘質物使之凍結、乾燥的一種凍膠（galatine）式透明膜。夏天，冷卻後可以食用，也有工業上的用途（當做明膠、凝膠來使用）。

第五章 您適合那一種方式的論辯

人類的頭腦大約有四十三種作用，其中，跟論辯特別有關的頭腦機能，除了語言中樞，多達十五種。為了測知您這十五種頭腦機能的強度，必須做些測驗。說到測驗，各位可別緊張，這種測驗並不難，也無須做很精密的檢查。您只要回答後面的各項問題，就算大功告成。這些測驗已經編得只要看答案就知道您屬於哪一種型，最適合哪一種論辯。

※　※　※

請回答下面的問題。

●注意事項：

①每項問題都有一到五的答案，請您五中擇一（選出最接近的答案），然後，在號碼上畫個○。

②回答時莫考慮太多（不要做善惡的判斷，也莫顧及利害關係，要完全拋棄那種立場和意見），一看之後怎麼想就怎麼答，否則答案就不正確了。

■論辯機能分類測驗

●在觀察為主的論辯中發揮卓越能力的人

▲問題：當您訪問別人的家，會不會注意室內的東西？

1. 幾乎不會注意，所以，事後完全想不起來。
2. 在1和3之間（不怎麼注意）。
3. 只會注意吸引我的東西，所以，事後只會記起吸引我的東西。
4. 在3和5之間（會注意）。
5. 樣樣東西都會注意，所以，事後都能一一想出來。

這個答案，可以顯出您的觀察機能。它測驗您是否具有「對每個物體個別觀察，獲有印象之後，將它記憶的能力」。也就是說，測驗您：「心理上對物體所產生的辨別機能」。

這種機能很強的人，臉上的特點是：**鼻根隆起**。

確立「大腦機能學」這個學說的伽勒（註），原是稱這個機能為「對萬物的感覺」，後來，他的弟子斯巴魯茲亥姆，將它改稱為「個體性」。

這個機能主要的作用是個別地知覺物體，並且使人興起觀察物體的希求，所以，稱它為「觀察機能」似乎更為妥切。它跟知覺物體的形狀、大小、輕重、色彩等等的機能，全然無涉。

對認識物體的變化、運動、沿革、性質等等的機能，也全然無涉。這些有關辨認的事，是由其他機能管轄，觀察機能則只對「個別的」、「名詞的」玩意，有所知覺、有所記憶、有所希求而已。簡單的說，這是屬於從多種選出一種，或是把某一種東西加以區分，對那些細節清楚記憶的知覺能力。

這種機能特別強的人（答案是4、5），當他走過街道，回家後，還可以把每一家房子的排列情況，記得一清二楚。譬如，肉店的隔鄰是魚店，再過去是米店；甚至哪一家是三樓或是二樓建築物，也記得清清楚楚。對行人投以好奇的眼光，猛盯著不放的，也是這一型的人。

觀察機能劣弱的人（答案是1、2），對這一切毫不關心，也沒有辨認後加以記憶的印象力。也就是說，對觀察事物，一點興趣也沒。

這一型的人，缺乏把眾多事物攏進心裏加以處理的能力，因而使得言語不盡清楚，思想和印象也凌亂不確。人類由於具有這種觀察機能，在技術和學問上，發掘了無數有益世人的事。

對博物學（包括動物學、植物學、礦物學、地質學）家或天文學家來說，它是最重要的機能。人，如果沒有這種機能，就無法利用大自然。因為，一切行動和知識，它們的第一步都從觀念（個體的成立）開始。

小孩子想打破玩具，一觀裏面的究竟，就是這種機能使然。

觀察機能特別強的人，在觀察力決定勝負的論辯中，可以發揮卓越的能力。

所謂觀察力決定勝負的論辯，意思是說，在「那傢伙是不是很詐、很傲或很正直」、「這個東西由什麼造成」之類的論辯中能夠發揮威力。由於具有觀察入微的能力，往往使對方為之折服，所以，擁有這種能力的人，最好往這方面好好發揮。

註：伽勒（Franz Joseph Gall 1758~1828），德國醫學家，在神經系統，尤其在大腦解剖學上享有盛名。首倡「大腦定位說」（大腦中的各種回轉，各有特定的精神作用）。在維也納行醫，並從事解剖學的研究。後來，遍走四方，宣傳普及「大腦定位說」以及由此衍生的骨相學。一八〇七年赴巴黎，一九一九年歸化為法國人。

●為推理而推理，容易逸出常規的人

▲問題：您是不是喜歡把任何事都扯到理論？

1. 怕費事、怕麻煩，所以，從來不思考何以如此。

2.在1和3之間（不怎麼用心思考）。

3.只要是有趣和有關個人的利益，都會好好思考原因和結果。

4.在3和5之間（屬於會思考）。

5.任何事都會好好思考何以如此。

從這個問題的答案可以看出您的「推理能力」。

這個機能位於頭腦前頭部份的兩側。伽勒在康德死後解剖了他的頭腦（康德生前就答應過伽勒），經一番精密的檢查，發現康德的「推理機能」異常發達。

後來，他又研究了蘇格拉底、培根、伽利略等大哲學家的頭腦，確認他們這一部份的機能，都比一般人高出甚多。

這是屬於從眾多現象中探出其因、其果的機能，跟比較機能一樣，是大腦中最高級的智力機關。大致說來，觀察機能的作用，是在知覺物體的存在；推理機能的作用，是在探索變化的原因，以及推定未來的結果。這個機能可以滿足人類智性方面的希求，對躲藏在所有現象中的原因，會產生非探個徹底不可的慾望。

由於這種希求會造出種種疑問，它就成為人類發現真理的最大原動力。

這種對知識的偏愛——以疑問形態出現——在孩童身上最容易顯現出來。

人，隨著年歲漸大，獲得某種程度的知識後，對「為什麼？」的疑問，就漸漸感到索然無趣。

這不是由於獲得許多知識，而是智力的發達，業已中止的緣故。因為，疑問並不是無知的結果，而是智力旺盛的結果。感到疑問，意思是說，對知識的愛好和智力皆有進展；不生疑問，意思是說，已經沒有追求智慧的慾望。

疑問，給人類粗野的感情添加了某些風味，對單純的智性，也賦予思想的能力。就在這種情況下，大腦才產生了邏輯性的啟發和統一——這便是推理機能最重大的作用。因此，這個機能也成為抑制愚蠢行動的力量之源。

靠它，我們才能在做某種事之前，先對這個行為的原因、結果，做個判斷，之後，對無益、無謀的行為產生自制（按兵不動）的作用。沒有疑問，就不可能發現真理。

蘋果為什麼會掉到地上？為什麼不跳到空中？這個乍聽似乎其愚至極的疑問，卻是產生偉大真理的原因所在。所有的高等動物中，只有人類具有這種機能。

我們靠這種能力，建造了房子，引發了電，造出光和熱；使五穀豐生；使通信、交通、電視有了驚人的進展。是這種機能使人類從野蠻進入文明，給了社會無限的幸福和方便。

推理機能在論辯上，當然要成為最不可缺的智力。如果推理機能不強或不正常，我們就無法從某種原因，推測某些結果。

譬如，猴子知道焚火可以取暖，但是，無法推測：「火，要有可燃性的東西才會燃燒」這種極其單純的因果法則。所以，即使旁邊有山積的木柴，牠們也無知到不會拿來繼續取暖，反而把火熄滅。

由於具有和不具有這種推理機能，使猿類社會和人類社會產生了那麼大的差距。對我們人類而言，推理機能有多重要，從這個例子就可以想像出來。把這種推理機能活用到最高度的，就是邏輯法。所有的學問，可說是由邏輯法組合而成。因此，推理機能又稱為哲學機能。

但是，有個現象倒值得注意。推理機能過度發達的人，有「為推理而推理」的偏好，容易趨於攪和道理，揑造歪理，造成太重視理論，忽視現實的結果。活用這個機能的同時，也得對「失之理論」的偏好加以剎車，防止它逸出常規，以免產生好像脫韁之馬任意狂奔那樣的現象。

過猶不及，這是天經地義，不過，大可兼小，有推理能力總比沒有好得多，只要抑制「失之太理論」的偏好，不至於「狂奔」就好。

●博覽善記，為理論錦上添花的人

▲問題：您能不能把看過的電影情節，一無遺漏地說給別人聽？

1.即使是有趣的電影，看後幾乎忘記，頂多只能做片斷的敘述。

2.即使是有趣的電影，只能把大意說出來。

3.有趣的電影就能一無遺漏地說出來，否則，幾乎忘光。

4.即使是沒趣的電影，只要看後馬上講，就能一無遺漏地說出來。

5.即使是沒趣的電影，也能夠一無遺漏地說出來。

這個答案可以顯出您的「記憶能力」。記憶機能位於前額中心的前頭葉第一回轉之處，它正好在觀察機能之上，比較機能之下。

這個機能是知覺萬物變化和事件的變遷後，把它記憶的機關，所以，又稱為「動詞性的知覺力」，或是「歷史性的記憶力」。簡單的說，觀察機能有知覺物體並且加以記憶的作用，而這個機能卻有知覺物體變遷的情況，並且加以記憶的作用。

所以，記憶機能特別發達的人，所見所聞絕不會忘記。

這一型的人，喜讀小說，也喜聽別人說見聞和故事。

記憶機能不發達的人，就無法把看過、聽過的事實，重現於腦中，要一無遺漏地說出來，更是辦不到。換句話說，凡事容易忘記。

最極端的是健忘到無法把自己當天的行動，全都想出來。

這個機能對歷史的記憶、事件和事件之間的關係、未來的想像等方面，賦予巨大的力量，是歷史學家、小說家，非具備不可的。

伽勒說過，知覺並記憶事實變遷的能力，跟觀察的能力有些部份是合而為一的。所以，對物體的表現頗為卓越的作家，表示觀察機能特別發達；對行為的表現頗為卓越的作家，表示「動詞性智覺力」特別發達。而，雙方的表現都很卓越的作家，則表示這兩種機能發生了相輔相成的作用。

人類在幼兒時期，記憶機能就很發達，所以，對聽故事、看漫畫至為熱衷。但是，幼兒觀察機能的發達，如果超過記憶機能，他們就對毀掉玩具，一探究竟，感到莫大的興趣，對看書、聽故事則興緻缺缺。

記憶機能也賦予孩童閱讀和學習的慾望，對開發智力大有俾益。

前面說過，記憶機能又稱為「歷史性記憶能力的機關」，但是，記憶並不是這個機關獨特的機能。知覺和記憶的希求，是其他任何機能都有的基本作用，而這個機能卻單單對「物體的變化和事件的經過」有所知覺，亦有所記憶，有所希求的機關。我們可以說，棒球迷就是熱衷於滿足這個機能希求的典型人物。

這個機能特別發達的人（答案是4和5），對經驗過、聽過的知識，總是牢記不忘，所以，應該在這方面的論辯上，大加活用。

也就是說，憑恃他們的博覽善記，論辯起來就有「如虎添翼」之效。

如果說，論理是紮於大地的根，題材就是「主幹」，確鑿證據就成為「花」，成為「果」。

憑恃確鑿的證據，論理才會開花。把確鑿的證據求之於過去的體驗和吸收的知識，逐次展開論辯，您將在那一場論辯中大勝而歸。

●巧於譬喻把話說得簡明易懂的人

▲問題：您能不能運用淺顯的譬喻，把難於了解的事說得使人一聽就懂？

1.即使是很熟的事，除非妥加準備，無法搬出使人一聽就懂的譬喻。

2.即使是很熟的事，也無法立刻搬出使人一聽就懂的譬喻。

3.只要是很熟的事，都能夠馬上搬出使人一聽就懂的譬喻。
4.任何話題都能稍加思索，就能搬出使人一聽就懂的譬喻。
5.任何話題都能不加思索，就能搬出使人一聽就懂的譬喻。

這個答案可以顯出您（哲學的）「分析能力」。

這個機關在前額正中，位於記憶機能的上方。它的作用是：

①從眾多類似的事物中，發現其中的差異。

②從眾多相異的事物中，發現類似之處。

一言以蔽之，它是屬於理智的、智慧的機能。

譬如，色彩機能只能知覺色彩，音調機能只能知覺音調，形狀機能只能知覺形狀，大小機能只能知覺大小；比較機能則對性質迥然有別的事物——對音和光、形狀和色彩、位置和大小等等的現象，發生辨別作用。

而，分析機能的「辨認」作用，卻跟這些不同。

它是在比較音和光之後，發現音波和光波皆有波動的「類似點」，以及音和光在導體上有空氣和粒子之別的「差異點」。由此可知，它是全然屬於理智的、智慧的（智性）機能。

對某些思想突然發現其中的類似點，也屬於分析機能。

又如，學者用巧妙的例證，說明難解的學說；宗教家用有趣的故事，說明深奧的教義；評論家用奇特、新穎的比喻，說明複雜的問題——這些都要靠分析機能。

化學、植物學、動物學上的分類也賴它完成，「大腦機能學」說穿了，也是靠觀察機能和這種分析機能而產生。下面所列出的能力也都屬於分析機能的範疇：

①實業家把新企劃和舊企劃案相互對照之後，檢討它的風險性和合理性之時。

②家庭主婦思考如何使用一萬元，才最經濟又有效，使同樣是一萬元卻可以發揮三倍效用之時。

③女性研究如何使自己的服裝適合身材和臉貌之時。

④考慮供職於何種職業之時。

這些事都要靠分析機能，所以，它可說是日常生活上絕對不能缺的一種智力。

如果這方面的智力太弱，行動的決定就趨於緩慢，跟別人論辯，就無法清楚表現自己的想法，也無法正確掌握別人的想法。這種人，一旦在官署或企業，居於必須果斷行事的要位，為害之大，真是不堪設想。

牛頓從星球的移動以及蘋果的掉地、潮汐的滿退，發現了萬有引力之說。

康德由於對地球、星球的天然現象，發生了疑問，終於確立了星雲之說。

說到愛因斯坦的相對論，那更是發揮比較、分析機能的極致了，稱為人類智力的最高峰，亦不為過。分析機能，由於對言語和文章賦予比喻性的內容，所以，常被誤為是形容機能。其實，形容是情操作用，不是智力作用。

形容，只有模仿的能力，卻沒有哲學上那種分析、分類、批評的能力。分析機能很強的人，巧於驅使比喻性的例證，展開論辯，勝算之高自在預料之中。

分析機能就是以歸納法發現真理的智力機關，許多實驗，都是從眾多普遍性的事實中，找出共同點，成為發現物理法則、哲學真理的原動力。

在論辯上，分析機能就跟推理機能一樣，絕不可缺。但是，所謂天不賜兩物，有些人巧於推理，卻拙於比喻，有些人巧於比喻，卻拙於推理。

巧於比喻的人，動不動就搬出種種例證來論辯；巧於推理的人，自始至終，以理壓人；記憶機能強的人，則動不動就靠知識和體驗來論辯。

兼備這三種能力的人，最能展開強勁、正確的理論，美中不足的是各種機能原有的韻味和風格，就失色多多。

●直覺地洞悉反面的語意，善於駁倒謊言的人

▲問題：您能不能初次見面就看穿對方的性格？

1. 長期交往的人，才能看穿。
2. 可以看穿某些人，但是，以無法看穿居多。
3. 能夠看穿和不能看穿的比率，大致各佔一半。
4. 無法看穿某些人，但是，以可以看穿居多。
5. 只要瞥一眼就可以看穿任何人。

這個答案可以顯出您的「直覺力」。這種直覺機能的機關，在前頭上方——位於冠狀縫約二英寸下方，也就是比較機能的上方。

它的作用，是不借助智力，卻能一眼就識穿某人的性格，或是行為的動機，所以，又稱「鑑別機能」。「鑑」是照的意思，「別」是經辨別而知道的意思，也就是說，像鏡子一樣，一照之下對方就原形畢露，無所遁跡。

所有的物體，一經「鑑別」的心鏡映照，善惡、真假無不立加分辨，說來，有這個機能至為稱便。不過，它的能力因人而異。鑑別機能甚強的醫生，只要對病人

看一眼，從病名到病因都能靠直覺而猜中，所以，又稱「診斷機能」。鑑別機能弱小的人，任他學富五車、智慧超群，就是無法辨別對方的性格，或是事情的真假、東西的好壞。

也就是說，購物也好，交際也好，常常鬧出預估錯誤的失敗。這種人即使修練數年，也無法成為傑出的命相家或是鑑定家。

一般而言，女性這方面的機能，超乎男性。她們往往一瞥之下（不經思考）就能辨別東西的好壞，人物的善惡。有這種機能的人，做當舖的老闆、古董商、美術商之類靠鑑定吃飯的行業，最為適宜。

鑑別機能在論辯上扮演什麼作用呢？乍看好似全無關聯，實則大有關係。因為，靠它可以從對方的聲調，悟出言語反面的真意，也能從對方的表情，看出在想什麼。察覺對方言詞裡虛假的成份，由此判定對方的內情——在論辯上這不成了致勝的關鍵嗎？

當然，判定對方的言詞和善、惡時，並沒有實際在握的根據，而是但憑直覺力下判斷。這一型的人，相對地不具有推理能力，因為，有了推理能力，直覺力就大大減弱了。

這也屬於天不賜兩物，事無兩全之類。所以，這一型的人，不相信便罷，一相信就死心塌地相信到底，任誰苦口勸說，也不改其意。

這一型的人最大的弱點，是在意想不到的情況下，往往會受別人言詞的操縱。

●機敏應變搬出異論使對方如墜霧中的人

▲問題：您是不是喜歡開玩笑或富於機智？

1. 覺得無聊透頂，絕少開玩笑或說幽默話。
2. 在1和3之間（不怎麼開玩笑）。
3. 沒有特別的好惡。興之所至，偶而也會說說笑話和幽默話。
4. 在3和5之間（常開玩笑）。
5. 很喜歡。涉語成趣，人人傾倒。

這個答案可以顯出您的「詼諧性」。它的機關在前頭上側部位，跟推理機能相鄰。它又稱為「機智性」，是喜愛機智、機敏、滑稽、俏皮、混亂、怪癖、矯行的機能。

這種機能在日常生活上，扮演了很重要的角色，經常成為笑料的泉源。人類如果失去了這種機能，詼諧的動作或感情受嚴格一邊倒的生活所迫，社交的歡樂和喜悅就蕩然不存，這個世界恐怕就一片灰色了。俗話說：

「健康、愉悅的心情，勝過靈丹。」

由於有這個機能，我們的生活才顯得興緻盎然，笑聲四溢。

富於這種機能的人，總是臉有喜色、意氣洋洋。他們的機智和笑聲，無不到處吸引人，帶來無限的歡樂。詼諧機能太弱的人，總是舒放不了心胸，顯得畏縮、難以融洽、鬱悶難遣、脾氣怪異，讓人覺得他們好像把笑聲視為可恥那樣。

這些人，由於不解幽默，如果不慎跟他們說個俏皮話，他們就當真，往往怒氣沖沖，欲拼欲鬥，跟你沒完沒了。詼諧性絕不是「笑的機能」，這一點可別誤會，因為，人之會笑，並不限於好笑、機智、幽默之時。

例如，名譽心特強的人，突然被稱讚就得意而笑；破壞之心特強的人，看到別人突然跌倒，也會捧腹大笑；儲蓄之心特強的人，即使只給十元，也會快樂而笑。

也就是說，笑，起因於感情獲得急激的滿足，詼諧則是從矛盾或不合理的混亂知覺而起的感情。譬如，本來是雙足而行，改以雙手著地而行，這種感情就獲得滿足，而使人笑出來。

詼諧機能的作用，既不是來自智力，也不是來自思想，更不是來自知識。它是情緒性的感情——當幽默的感情獲得滿足，就形之於「笑」的機能。它雖然不是智力的機關，為了企求高度的幽默，勢必借助於其他智力機關。智者之笑是高級的，愚者之笑是低級的，換句話說，所謂的幽默，程度千差萬別，各走兩端。詼諧機能在論辯上會發生什麼影響？

不是有句話叫做「見機應變」嗎？它就可以在這個「見機應變」上發揮無比的威力。但是，在論辯上運用它的人，很少遵從邏輯的法則，毋寧是說，經常添加僻論，或類似詭辯的手法，使對方如墮五里霧中。

這種情況，與其說是為了真理而辯，不如說是為了助一座之興而辯來得妥切。打趣話、俏皮話、謔而不虐的話，連續不斷，使一座為之笑倒——在這方面，詼諧機能特別發達的人，總是永不落人後。

●討厭太激烈的論辯，善於融合各方意見的人

▲問題：您是不是喜歡跟任何人都能談得投合？

1. 絕不拋棄己見。當意見不合，即使對方是親友也不妥協。

2.在1和3之間（屬於不妥協）。

3.對生人或討厭的人，無意拋棄己見，但是，跟朋友倒願意妥協，和諧相處。

4.在3和5之間（容易妥協）。

5.跟四周的人（甚至視如仇敵的人）都想妥協，和諧相處。

這個答案可以顯出您的「和諧性」。它的機關位於推理機能的上方。

和諧機能使一個人在交際時，顯得溫和可喜，具有以柔和的言辭和態度，把爭論合而為一的作用。富於這種機能的人，總是「入鄉隨俗」，絕不在別人面前大露稜角，舉止、言語無不八面玲瓏。

在公司是不用說了，即使在家庭也是個和靄可親的人，絕少跟別人有所爭論。從事任何職業，這是必要的條件之一，尤其是外交官，若要大事活躍，如無和諧作用必然不堪其任。

又如，幹居間介紹之類的行業，想使交易成功，如果缺少這個機能，勢必諸事不遂。

律師要促使兩造的爭執或訴訟，和解了事；宗教家要訓誡、教導世人；政治家要獲得人望——在在需要這個機能。如果和諧機能太發達，就變得討好眾人，甚至巧言令色、搬弄佞言，成為隨波逐流的人。

與此相反，這個機能如果很劣弱，就天不怕地不怕，肆無忌憚地跟別人大事衝突，無意妥協、讓步，和睦相處，更是免談。不僅此也，還會背地裏譭謗別人？或公開大發牢騷，不但沒有和解的行為，更沒有和解的念頭。

在集會上，由於被冷淡相待，或氣氛不合己意，就孤坐一隅，不發一言——這種事也只有這一型的人才會幹得出來。跟這種人論辯，可說是必勝無疑。和諧機能特強的人，即使堅持己見，也不忘氣氛和諧，所以，不但不做激烈的爭論，反把對方的優點拿來補自己的缺點，將兩種意見折衷、調和，使一場論辯在妥協中結束。

換句話說，這一型的人在論辯上採行的是：「看似失敗，實則勝利」的一招。

●以計略和詭論籠絡對方的人

▲問題：你是不是把不滿和煩惱立刻向別人全盤托出？

1. 任何事都無法保密，總是立刻向別人和盤托出。
2. 在1和3之間（屬於立刻和盤托出）。
3. 認為有必要就和盤托出（因對象而不同）。

4.在3和5之間（屬於不和盤托出）。

5.絕不透露半點消息，即使是最好的朋友也不例外。

這個答案可以顯出您的「秘密性」。

發現「大腦機能學」這個學說的伽勒，從少年時代就對個性狡猾的朋友的頭型，熱心觀察。有次，他聽一位醫生說：「我不知道有比欺詐更樂趣的事。」他也觀察了那位醫生的頭型，從此確信人類的頭腦必有獨立而能產生狡猾之心的機能。後來，他在監獄和精神醫院經一段長期觀察，終於確定大腦裡的確有這種機關。

人類的慾望和感情，受內外的刺激，經常不自覺地活動著。智性的作用裏面，也有種種雜沓的思想，在那裏糾纏不清，呈現攙雜、混亂的局面。

平時，絕不形之於外的希求和感情，在腦裡卻忽現忽滅，從無間斷的時候。

假設性慾、食慾、金錢慾之類的慾望和思想，都任它們形之於外，我們的生活將變成怎樣一個局面？果真有那麼一天，我們的言語、行為，想必顯出不堪正視的種種醜態。

醜惡行為（猥褻行為）將公然出現，風紀大亂，比飢餓、不潔還令人慘不忍睹的現象，勢必如颶風那樣，席捲整個世界。為了不讓這些不隨意地發生的衝動性感情，不至於赤裸裸地出現在公眾面前，上天就給了我們適度抑制這些衝動的機能。使醜惡的心理秘密，不形之於外的這個機能，說來，是上蒼賜給我們的最佳禮物。俗諺有一句：

「愚者把所思、所想立刻形之於言表；賢者卻常保存於心，不形之於言表。」

「秘密機能」真正的目的就在：「把所思、所想保存於心，不形之於言表。」

除非我們的智性命令說，可以形之於言表了，它就一直抑制我們心中的一切慾情和思想，不形之於言表。秘密機能發達的人，當他判斷說出來就不利於己，就有那種本事，恆保心中的一切秘密，始終緘口不言。

任何不滿、憂慮、苦惱，除非果有必要，他們絕不讓別人看穿自己的心事。

所以，經常從事談判的人，天天跟對方討價還價的商人，必須嚴守國家機密的外交官，不可洩露當事人秘密的律師，都不能缺少這種機能。

話說回來，如果這個機能過度發達，支配了其他德性，就變得狡猾無比，偏好秘密、策略，有可能成為驅使陰謀討日子的危險人物。就算不施展惡計、陰謀，至少也會多方忖度人心，亂下自以為是的判斷，或是行為出奇，再不就是把假話傳給別人，故意耍騙。

與此相反，如果祕密機能不怎麼發達，就不管別人想的是什麼，說的是什麼，總是傻呼呼地把自己的心事、秘密，赤裸裸地和盤托出，牽無折衝、施計的設想。甚至連足以出洋相的事，也坦然訴人，成為引起嗤笑，或眾所厭惡的人。

秘密機能過強、過弱皆不宜，還是控制得恰到好處才算聰明。

「秘密有時候是一種美德，但是，為秘密而秘密就成了罪行。」

這句話，語簡意深，值得吾人三思。秘密機能給論辯的影響力，相當強大。過強就成為寡言訥語，過弱則想什麼說什麼，一無防備。因此，過弱的人就成為愚直，過強的人就面不改色地撒漫天大謊。

●善於自愛，不讓言辭，論理太走極端的人

▲問題：您做任何事都很慎重嗎？

1. 一點也不慎重。有顧前不顧後，類似冒失鬼的一面。
2. 屬於諸事不慎之類。
3. 不怎麼慎重，但也不至於挺而走險。
4. 諸事慎重。

5.做什麼事都慎重到無以復加。

這個答案可以顯出您的「警戒性」。這個機能位於頂骨外角部，跟秘密機能相鄰。

警戒機能有預見危險，使人產生恐怖感的作用，是屬於有積極作用的獨立機關。如果恐怖是由於缺乏勇氣而生，那麼，恐怖就成了消極的感情，事實上，眾所周知，不管您有沒有勇氣，恐怖感都會光臨您的身上。

克服恐怖，使人無所畏懼地行動——這才叫做勇氣，而警戒性正好與此相反，它並不是畏懼危險，導人於安全，而是有提醒危險即將來臨的作用，是在都市討生活的人絕不可缺的一種機能。人如果喪失這個機能，就失去遵守法律、預防危險的注意力，行為就失之於輕率、鹵莽、漫不經心，無法從天災、人禍之中保衛自己。

我們的一大半不幸和失敗，全是缺乏這個作用而來。

要是抵抗機能和破壞機能也從中攪和，不計後果的程度就愈烈，處於交通極度紊亂的現代，勢必叫人生命難保。這一型的人，恐怕在殺人之前自己就先給殺了。

與此相反，這個機能如果過度發達就變得戒意太深，每事必疑、臨事必迷，沒危險的地方也認為危險重重，一旦遇到危險就恐怖、戰慄，陷入極度的不安。有些人為了逃脫它，甚至會鬧自殺。伽勒的一個病人，由於患了被迫害妄想症，警戒機能發生了異常，變得無事不懼。

看到病人，他就覺得自己會染上那種病，看到瘋子，他就覺得自己也會發瘋，反正所見所聞，無不讓他恐怖、不安就是。

後來，他就躲在房間，閉門不出，可是，這麼一來，他又給新的疑懼籠罩了——生怕天花板轟然崩塌。這個疑懼使他奪門而出。之後，又生怕給屋頂掉下的東西壓傷。如此日日不得安寧，夜夜不得安睡，後來他就自殺斃命。

這當然是極端的例子。警戒機能如果發達得恰到好處，都能予人適切的注意力，成為日常生活不能缺的一種機能。論辯時它會發生什麼影響力？

①當心中有所思，也會察看情勢，不隨便形之於言，如要形之於言，也必在多方省察之後才啟口。

②善加自愛，不讓言辭、論理顯得太過火，容易贏得別人的信賴。

這種人，在大事臨頭時，總是深思熟慮、反覆省察，發動比較機能，分辨利害得失之後，才付諸行動，因此，可以防止大失敗。

警戒機能過了度，會招來因循姑息，太缺乏警戒機能，會使人一路亂衝亂撞，衝撞得臉腫鼻青。所以，務必確認自己的警戒心究有多強，然後適度運用，論辯之時，它就會帶給您莫大的好處。

●誇大表現，喜愛議論範圍廣大的人

▲問題：您憧憬大自然、大都會的雄偉景觀嗎？

1.不怎麼憧憬。看後不至於有何感動，也沒有那種特地跑去一看的興緻。

2.在1和3之間（屬於沒有興緻去看）。

3.有所憧憬。只要逮住了機會就去看。

4.在3和5之間（有興緻去看）。

5.經常憧憬宏偉的景觀。看後心弦大動，但願每天都看到。

這個答案可以顯出您的「宏壯性」。這個機能位於警戒機能的緊鄰。它的作用，是對諸般宏偉的現象和物體，產生讚賞的心理。

譬如，對大自然的雄偉、海洋的浩瀚、瀑布的壯觀、砲彈的炸裂、建築物的宏偉、英雄的行徑、宇宙的無垠、破壞的戰慄、千萬群眾的集合……之類，不論是自然的或是人工的，對壯大的感受、偉大的思想或物質，無不感動得心為之大震。

宏壯機能強的人，同時也發動靈感、希望、尊敬等機能，使自己懷抱宏偉無邊的願望。為了追求它，到頭來就對至大至尊的理想偶像——神，發生篤信虔敬的結果。千仞絕壁、大火山、巨大怪獸、摩天大樓等等，只要是「巨」字級的事物，不管外形的美醜，一概嚮往、讚賞——這是宏壯機能的特徵之一。

如果加上破壞機能的作用，即使跟破壞隨之而來的景象，有多殘酷、慘烈、恐怖，面對那些景象，卻能發生無以言喻的快感。如果宏壯機能加上位置機能的作用，就酷愛觀光旅行；加上輕重機能的作用，就酷愛登山；加上希望機能的作用就酷愛放浪之旅。

一般而言，宏壯機能發達的人，精神上容易失之誇大，而逸出常規，偏愛「白髮三千丈」式的形容，若有希望機能從中攪和，就忘了現實，趨向雄大的理想或幻想，稍一不慎就掉入誇大妄想之境。萬一這個機能發生錯亂，就自以為是英雄豪傑，不可一世。反過來說，這個機能如果不發達（不足），就缺乏想像大宇宙的希求和能力，對空間的無際、死後的世界，喪失想像力和理解力，凡事趨向懷疑，無法對宇宙性的思想和知識，有所感悟。

換句話說，它的作用，使人在論辯上愛做誇大的表現，偏好論題之宏大無邊。

●信念充足，喜愛真實地論辯的人

▲問題：您看到行為不正的人，有何感想？

1. 即使自己是受害者，也認為無可奈何而默不作聲。
2. 在1和3之間。
3. 如果受害者是別人就裝著沒看見，如果事涉自己就無法默不作聲。
4. 在3和5之間（即使受害者是別人，也無法默不作聲）。
5. 不管受害者是自己或別人，總是義憤難抑。

這個答案可以顯出您的「道德性」。

這個機能的作用，在於辨別正派、不正派，並對之興起種種希求。它使人對自己的權利和義務，產生要求和責任的感覺；使人思考行為的正邪、善惡；使人希求對所有的人給予公正、公平的道義感。後悔、革心、反省之類的感情，就是發自這個機關。它的影響力，及於其他機能，具有監督、指導想走向物慾、情慾的感情，以及抑制不公正、不善良的行動等等的重大作用。它還有下面的作用：

①即使破壞和抵抗機能從中攪和，也能抑制它們，使之不至於產生惡意攻擊的

行為。

②即使理財機能從中攪和，也能使之不至於侵害別人的權利。

③即使秘密機能從中攪和，也能導人向善，不至於發生欺詐行為。

④即使希望機能從中攪和，也能及時忠告自己，使之不至於做出劣行。

這個機能的特色是：

①把各種智性、慾望的作用，全都導向義務和公正、善良的觀念中。

②自覺個人的責任。

③企盼社會井然有序，福祉得保。

不過，即使這個機能相當發達，要是欠缺慈悲及和諧，就對責任的遂行過份執著，對善惡的批判趨於嚴烈、苛刻，即使是不慎為之的小過失，也施以猛烈的苛責和彈劾，失之冷酷無情。

但是，它的作用正是熱愛正義、疾惡如仇、追求真實、憎厭偽善，同時，具有企求權利、遵守義務的自覺心，說來，是對社會、人心投以如似太陽的希望之光。在大腦的各種機能中，可說是上天賜予的最高傑作之一。

這個機能如發生混雜、錯亂，就對自己有違道德的過失大起悔恨，把自己當做不值一道的人物，有些人甚至會為此自斷生命。反之，這個機能若不發達就變成：

①對追求真實，興趣缺缺。

②流於無主張、無節操。

③缺乏信念。

④為求利慾而不擇手段，恣意破壞道德。

所以，對律師、政治家來說，這是特別不可缺的機能。

道德機能強的人，滿腔正義，渾身信念，論辯時，措詞有勁、氣勢如虹，有正義壓過一切的凜然，使聽者心弦大鳴，肅然起敬。由於道義感甚強，往往忘了利害，不計勝敗，但求「弄清是非曲直」。當他知道自己錯了，就毅然認錯，這時候仍能不亢不卑，一點也不以為可恥。

這一型的人，論辯時偏好道德的內容，尤其擅長真實與否的議論。

●亂打對方腦頂那樣偏好激烈論辯的人

▲問題：您喜歡看摔角（格鬥）比賽嗎？

1. 討厭。不看，即使看了也索然無趣。

2.不喜歡。所以很少看，看後也覺得沒什麼。

3.不喜歡，也不討厭。但看時卻覺得好玩。

4.喜歡，有時間就想看，覺得有趣。

5.喜歡到了極點。覺得很有趣，所以，盡量抽出時間來看。

這個答案可以顯出您的「破壞性」。這個機關在顳顬葉鱗狀部位，恰在耳朵上方。這個機能的特點是：

①為了自衛和維生，使人忍受任何痛苦、艱難。

②如有必要，為了自存，不惜殺死對方。

③這是發出殘忍、冷酷之類感情的地方。

動物如果沒有這種機能，猛獸吃溫馴的獸類，溫馴的獸類吃植物而生存的自然界的法則，就遭致破壞，地球上的大半動物，也將死滅。

人類也算是肉食動物，為了維生，必須屠殺牛、豬；遭到強盜襲擊時，也得起而拼鬥。這種感情上的能力便是來自破壞機能。

破壞機能是感情上的一種作用，而不是給人付諸行動的勇氣，它不但賦予人類殘忍、刻薄的性格，更賦予應付艱險的氣魄和決斷，所以，這個機能如不發達，就無法壓倒眾人，完成大業。

拿希特勒來說，他可能就是希望、破壞、宏壯、強硬等四種機能兼備的人物。

破壞機能的作用，乍看，容易跟勇氣混為一談，其實，它不是付諸行動那樣勇氣，而是屬於鬥志、挑戰之類的情緒。這個機能發達的人，對殘酷意味的事，興緻頗高。

也就是說，對職業摔交、鬥犬、拳擊，自己雖然無意從事，觀賞則不落人後，而且可以熱衷得寢食皆忘。同情心很強的人，看到罪犯被處死，也會油然生起快感，看到其罪貫盈的惡徒慘死，也會心中稱快。他們並不是喜愛死刑或殺人，而是事涉正當的處罰，或是報復，就對那種遭死的慘狀感到快樂。

破壞機能對外科醫生的開刀，影響至大。也就是說，身為外科醫生，如果這個機能太弱，就不忍心動刀割肉，使人受皮肉之痛，他就無法成為一流的外科醫生。

世上就有毫無目的地殺人放火的人。

大夥稱他們是殺人狂、放火狂，其實，他們既不是狂人，更不是精神薄弱（心理發育低下，近於白痴的狀態），也非白痴。之所以如此，是破壞機能和抵抗機能發生混亂，加上警戒機能不足，因而惹出這種一時衝動的行為。

破壞機能適度發達時，可以賦予一個人百挫不退的精神，勇猛果斷的毅力，以及忍受千辛萬苦的耐力。武術家、登山家、探險家就絕對缺不了這種機能（而且必須比常人發達）。

智慧性的人，如果這個機能特別發達，就偏好辯論。當他從事辯論，其言也厲，其勢也猛，有如朝著對方腦頂，猛打強擂那樣，使對方招架無方。從事革新工作的人，有必要以激烈的言辭壓服守舊人物時，這個機能就會發揮相當有效的作用。

●固執己見絕不退讓的人

▲問題：您對自己的主張和要求能夠堅持到什麼程度？

1. 對方如果態度強硬，或相當謙虛就無法堅持。
2. 在緊要關頭無法堅持到底（屬於容易屈就）。
3. 因時因地，有堅持到底的時候，對某些對象往往容易屈就。
4. 在緊要關頭，能夠堅持不退。以固執己見居多。
5. 只要一出口就絕不後退，總是堅持到底。

這個答案可以顯出您的「強硬性」。強硬機能的特點是：

①它是屬於輔助意志的機關。

②它可以協助其他任何機能，具有對所有的希求做強烈表現的作用。

③這個機能太強的人，性格就變得執拗而頑強。小孩子太剛愎、鬧彆扭就是這個作用使然。

④它對智性、德性、慾望，只從內面發生主觀的作用，絕不單獨行動。

⑤跟抵抗機能發生作用，就產生確乎不拔的勇氣。

⑥跟尊敬機能發生作用，就產生信仰倍增的效果。

⑦跟正義機能發生作用，就產生不屈不撓的道義心。

⑧跟名譽機能發生作用，功名心就會發揮強大的威力。古今英雄豪傑之士，之所以能夠完成一世霸業，就是靠強硬機能的鼎助使然。

⑨如不受智性的指揮，或德性的支配，而胡亂蠢動，就成為頑固不化。

⑩強硬機能太弱的人，容易因別人的話而信心大搖，變得毫無主見，遇到反駁就馬上改變己見，無法貫徹初衷。今天，人倡某種意見，明天，忽又支持另一種主張，如此反覆不定，變化只在瞬間，所以，不堪重任，難有大成。

●堅信其是，其正而堂堂論辯的人

▲問題：您是不是對自己的才能有信心，而且感到滿足？

1. 既無信心，亦無滿足，總覺得比別人差了一大截。
2. 在1和3之間（屬於沒信心）。
3. 不覺得比任何人優異，但是，多少有點信心和滿足。
4. 在3和4之間（屬於相當有信心）。
5. 覺得比別人高一截，既有信心，又覺得滿足。

這個答案可以顯出您的「自尊性」。自尊機能的作用是：

①承認自己的價值——自愛之心。

②予人獨立自主的意願。

宇宙何其廣大，照說，我們寄身在這個廣大無邊的宇宙中，就如滄海一粟，對如同朝露的人生，有著空虛無依的傷感，難免興起人生幾何的虛無和厭世之心。

好在，我們有自尊機能，所以，能夠認識做人的價值，有自愛之心，對自然的恩典，人生的多福多幸，也滿懷感激，才得以堅強有力地活下去。自尊機能的其他作用是：

①在諸多辛勞的工作上，使人能夠活用才華，信賴自己的能力，在複雜多變的社會，奮勵求存。

②如果它的作用太弱，就算其他智性、德性很卓越，人就變得卑屈，在別人面前總是畏首畏尾，成為凡事無信心的人。

③如果它的作用太強，就變成目中無人，傲慢非常。

④世上有眾多才華毫無的人，卻可以滿懷信心，興緻勃勃地工作，都是自尊機能之功。

⑤它可以使人克服貪污、違法、犯規的念頭，賦予獨立自主、頂天立地的意志，成為堅信其是、其正，「仰不愧於天，俯不怍於人」的錚錚男子漢。

⑥使人不稍卑屈，憑其獨自的品格和信心，威風堂堂地表現一己之志。

⑦給人獨立自主，以及自以為是的力量。

名譽和自尊機能，使人受稱讚時欣然而喜，可是兩者的不同處在於：

①前者是對奉承、阿諛之詞，無不欣然而喜。

②後者是對阿諛之詞，不疼不癢的讚詞，卻皺眉以對，甚至感到厭惡。

更清楚地說，名譽機能有虛榮傾向的作用，自尊機能則對自己賦予最高的價值，有高傲傾向的作用。在論辯的場合，自尊機能如果發生適度的作用，就使人不至於卑屈，尚且興起自主之心，得以威風堂堂地發表自己的主張，是論辯上絕不能缺的機能之一。

●理路井然，諄諄而辯的人

▲問題：您對一件工作能夠孜孜不斷地做下去嗎？

1.絕對辦不到。即使是喜歡的工作，做一陣子就感到厭倦而中止。
2.在1和3之間（屬於無法持續）。
3.勉強可以持續，若是不喜歡的工作，就無法如此。
4.在3和5之間（屬於可以持續）。
5.絕對辦得到。即使是很討厭的工作，只要決心做完，總能持續到底。

這個答案可以顯出您的「持續性」。持續機能的作用如下：

①給人類的慾望、感情、思想，賦予連續和結合的力量，使大腦機能集中於一事。

②長考某件事，或是無法對其一件事戮力以赴（集中全副精神）的人，表示這個作用比常人劣弱。

③持續機能適度發達的人，即使長時間孜孜於一件事，也不至於感到懈怠、生厭。譬如，在台上講話，總是不厭其煩地順著理路，向聽眾諄諄而言。

④如果這機能太強，就拘泥於瑣碎、細小，長談及於數刻，令聽者呵欠連連。

⑤如果這個機能太弱，就由這件事忽然扯到那件事，語無次序、語詞大亂，無法使聽者領悟他的話意。

舉凡住居、友情、戀愛、結婚之類感情上的持續作用，對動物的生存而言，確是不能缺，尤其是對子女的愛，若不能持續，種族的絕滅，乃勢所必然。又如，社交也好，事業也好，學術研究也好，都要靠行為上的持久，才能目的得遂。缺少這個機能，任何天才都無法成就偉大的工作，所以，它是企業家、學者、發明家、登山家、政治家萬不能缺的機能。

一般而言，人類有同時多方分心的傾向，因此，工作的持久和精神的集中就成了頗感困難的事，如此一來，完成一件事便特別吃力。為了補救這個缺點，上天就賜給人類集中和持續的機能。

換句話說，太強或太弱，都不合宜，所以，您必須根據這個測驗的結果，認清自己的持續機能究有多少，高則使其稍低，低則使其稍高，好好活用它。

特別要注意的，是這個作用如果任其太強，就變得對瑣事也顧慮過多，失去臨機應變的能力，以至於不見大局，也忘了「心機一轉」另拓契機之妙。

【結 論】

前面說的就是頭腦在論辯時所扮演的各種作用。測驗的內容，為了簡明易測，一律以各種機能的需求為準。也就是說，某種機能的需求很強烈，就表示那個機能的作用也強烈。

各種機能如果各自為政，為所欲為，大腦的作用就失去了意義。因為任其如此，就等於患了精神分裂症（各自為政，正是精神分裂症最顯著的特徵）。

我們的頭腦，在我們有所行動的時候，要有兩三種機能發生綜合作用，才能發揮威力。

總而言之，使您的論辯力成為小刀，或是斧頭，或是武士刀，銳利或是遲鈍，全賴您頭腦機能的靈活運用——容我再次強調這一句話。

第六章
論辯用深層說服術56訣

論辯的目的是使自己的主張獲得通過，也就是說，辯而必勝。要百辯百勝，就得先精通第一章到第五章提到的各種知識。除了那些知識之外，還得加肉添血——精於各種說服的技巧。

論辯而勝，老實說，有時候並不一定使對方心服口服，這就有可能埋下日後各種禍根，這種一時的勝利，並不是真正的勝利。

所以，論辯時必須精於「深層說服術」，務必把對方說得徹底「伏首稱臣」，心裏毫無嘀咕——也就是說，對您折服到無以復加（打心底服了您），這才是論辯致勝的最高境界。

在這一章，我們就專對「深層說服術」的各種要領，做全面性的討論，使您獲得每辯必勝，每勝亦能使對方衷心悅服的秘技。

(1) 如何使對方心門洞開

——消除戒意的十三個秘訣

雙方論辯，當然免不了各有戒意，但，對方的戒意太大就造成論辯上莫大的阻礙，不把它除去您就很難打入對方的心。所以，要說服對方，除其「戒意」，應列為第一個要務。如何看出對方對您懷有莫大的戒意？下面是深層心理學家研究出來的判斷要訣：

1.見面打招呼的時候，語氣不含任何感情。

2.當您要確認對方的意思，他卻閃爍其詞（顧左右而言他），用詞亦曖昧不清，令您覺得逮不住他的真意。

3.當話題進入核心，他說話的速度，突然變得比前緩慢了許多。

4.只知跟您打對槌，絕少發問。

5.對無關緊要的事，反而不斷質問。

6.毫無鬆弛、寬舒的意向，一直保持正經八百的姿態。

7.談論中，不時把視線移開，而且上下移動。

8.措詞突然變得很客氣，表示起了戒意。

9.坐得很遠，表示心理上有隨時開溜的準備。這種人坐在椅子或沙發上，總是坐得淺，無意中表露了自己的戒心。

10.雙方個性（personality）大異時也容易發生戒意。

①積極地表示您很「關心他」

一發現對方有戒意，得馬上發動消除戒意的行動。戒意一除，才有進入問題核心的可能，做到這個地步，說服就等於成功了一半。

當然，您不能開門見山地說：「唉呀，老兄，您何必那麼戒意畢露呢？」這是下下之策，萬萬不能使用。魔術大王哈瓦特．薩斯頓，在四十年之內，看他表演的觀眾多達六千萬人，賺了兩百萬美金。他在魔術表演上，是不是技術超過同行？並不見得。但是，他就有辦法贏得眾多觀眾的偏愛。

他的秘訣究竟在哪裏？他對觀眾的態度，跟其他同行大不相同。

一般魔術家總是抱著打馬虎眼的態度上台，心裏想的是：

「哈，這種觀眾，個個像笨瓜，要騙過他們撈一票，太簡單了。」

薩斯頓就不同。上台之前，他總是不斷告訴自己：

「我尊敬我的觀眾，我要傾力表演，讓他們愉快地渡過這一段時光。」

積極地向對方表示「我很關心您」，至為重要。論辯時的說服術，就要講究這一點。為了表示您「很關心他」，您必須先傾耳諦聽對方的話——做個「傾聽能手」，藉此造成親近感。

②衝進對方的意識裏

美國心理學家埃克曼，曾經跟學生辯論「死刑該不該廢止」？學生主張死刑應該廢止。埃克曼自始至終只重複「很好」這一句話，到頭來使學生自動改變了意見。完全接受對方——可是，論結果卻使學生接受了埃克曼的意見。

這一招，的確很高明。順著對方的話，打對槌，也是可行的一招。

一開始就想使對方落敗，只會增強對方的抗拒心，無異自造障礙，是愚蠢到了頂的作法。邊微笑、邊點頭、邊打對槌——藉這些小動作，表示自己對他懷有好感，對方就覺得，這種事何必跟他爭論得那麼認真？這一招，效果之大，超乎想像。

如果認真傾聽而對方仍然無動於衷，遇到這種局面，可怎麼辦？

沒關係。這時候，您可以自動地以對方的攜帶物、穿著之類的東西做話題。手錶、領帶、領帶別針、袖釦、西裝、皮鞋、眼鏡……，可說是一個人嗜好和個性的象徵，這些東西受到矚目，他豈能不啟口，跟您聊談數句？

拿對方漫不經心的動作做話題，亦無不可。譬如，看他不斷以手指敲桌子，就問說：「您好像也會彈鋼琴？」寫字的時候，翹起小指，你就說：「瞧您，寫字的時候小指這樣翹起來，蠻有意思的。」

不經意的動作給這麼一說，氣氛就轉佳，有助於消除對方的戒意。

【結　論】：

1.傾聽對方的話時，偶而挪身向前，表示對他說的話很關心。
2.傾聽中偶而朝他微笑，造成親近感。
3.提出使對方感到好奇的話題。

③尋找雙方的共同點

1.把自己的某些小秘密洩露出來。
2.談論中屢次把對方的姓名夾進去。
3.故意使用對方愛聽的言辭（流行語、術語之類）。
4.問對方的籍貫、出身的學校、居住地。
5.拿對方認識的第三者做話題。
6.如果覺得使用人稱代名詞有損對方的感情，就換用抽象名詞。

④順著對方的心理趨向進行論辯

●從細小的事說起——

有人常說：「他說的話聽來很有道理，但是，總叫人覺得沒有真實感。」

這表示所論只及於表面，沒有擊中對方心理的底層。想使說服之力，及於對方的深層心理，有時候必須不流於理論，改從對方容易接受的瑣小的事，進行攻擊。傑出的推銷員，最精於此道。譬如，推銷某種東西時，就說：

「不買也不打緊，請拿在手裏試試它的感覺吧。」

先避談買不買，只求對方拿在手裏試試感覺（這是比購買行為更小的行為）。如果推銷的是香水就說：「怎麼樣？聞一聞它芬芳的香味吧。」

如此由小而大，一步緊似一步地進擊。這種過程，不會讓對方覺得有何心理壓力。

● 先說結論，有時候也很有效果——

將您打算說服的是什麼，及早而明確地指出——這一招，在生怕拖長時間的時候使出來，就足以使對方戒意盡除。

這個方法的用意，是不使對方在心理上造成「抗拒作用」，進而促其造成「同意的心理態勢」。這種大膽無比的方法叫做「蘇格拉底問答法」。這位古希臘時代的哲學家，最擅長此道，他的每一句問話，都是使對方非答「YEs」不可的，由於不斷回答「是」，對方的心理就如球之順坡而下，給導入肯定的方向而不自知。

推銷教科書上有一則電機公司的推銷員採行這個方法成功的實例。

他把一具馬達賣給A公司，對方在使用一段時日之後，提出抱怨說：

「你們的馬達起動之後就燙得叫人不敢摸它。」

這位推銷員到了A公司，跟對方的負責人交換了這樣的問答：

B（推銷員）：「聽說，馬達起動後就燙得叫人摸不得，要真是這樣，下次再也不敢向貴公司銷售這種鬼玩意了。貴公司要買馬達，當然要選擇熱度符合協會基準以下的馬達，是不是？」

C（A公司工廠管理員）：「YES。」

B：「依照基準，馬達的熱度可以比室內溫度高華氏七十二度，是不是？」

C：「YES。」

B：「貴公司工廠內的溫度是多少？」

C：「大概是華氏七十五度吧？」

B：「那，七十五度加上七十二度，不成了一百四十七度了？把手放進這麼熱的水裏面，一定給燙傷的，是不是？」

C：「YES。」

B：「這麼說，得小心碰到馬達，否則，必然給燙傷，是不是？」

C：「YES。」

C氏只好承認錯在自己，又同意繼續向這個電機公司購買同類馬達。

【結　論】：

1.從細小的事談起，逐漸逼進主題。

2.舉出第三者的話，點出說服的內容。

3.談論的事有拖長的可能時，先說出結論，把理論移到最後。

4.向對方連發只能回答YES的問題，消除抗拒心理。

(2) 如何改變對方的「先入之見」

——破除成見的十三個秘訣

●如何看出對方有「先入之見」

下面是判斷的要訣：

1.裝得沒聽到您說的話。
2.搬出不成理由的理由，例如：「我說不對就是不對」。
3.只堅持一個理由來還擊。
4.態度謙虛，但是，婉轉而駁。

●應付的秘訣

①使對方放棄主觀，轉為客觀

●任何無聊的成見都暫時不加反駁——

所謂的先入之見（成見），無不紮根於個人狹小的體驗，所以，設法提醒他，使他站在更廣闊的視界去思考，讓他興起：「不錯，也有這種方法呀」、「原來還有這樣的事」之類的念頭，說服就成功了一半。

要達到這個目的就必須使對方「放棄成見」（主觀），自動將它「客觀化」。

譬如，用下面的話就可以達到這個目的：

「您說的話並沒有錯，可是，也有這種事實存在，您覺得呢？」

●不觸及正題，讓對方先思考邊緣的問題——

精神療法中的一個技巧，就是「不觸及面臨的問題」。只談跟這個問題有關的「邊緣的問題」，藉此使對方接受「浸透作用」，而轉變意向。

一位精神科醫師的患者，正打算拋棄丈夫和子女，跟情夫私奔。醫師在說服中，自始至終不觸及丈夫和子女的事，結果是，隔天她就放棄了私奔的念頭。

這是醫師不以言語直接表現，卻有技巧地把「拋夫棄子，離家出走，實在不好」的觀念，灌入她腦中的結果。您在說服中，要充當使對方的成見「蛻變」的角色，就像婦產科醫師幫助孕婦生下孩子那樣。

【結　論】：

1.原則上，說服者不要以言語觸及對方的成見。
2.設法使對方把先入之見說出來。
3.不管對方的成見有多無聊，都不要立加辯駁。
4.從正題四周的邊緣性問題談起。

②讓對方有個「意外」的經驗

●改變對方的「知覺」——

A是既能說又能幹的彈簧床推銷員。

B是他的同事，卻是個寡言木訥型的人。

有次，任何推銷員都無法攻下來的肥料店老闆，在B出馬之後，一下子訂購了六張彈簧床，使大家驚訝不已。B到底使用什麼法招使肥料店老闆就範？

那位老闆，原來是個聾子，所以，其他推銷員一知道對方無法聽話，就匆匆告辭，無意浪費口舌。B呢，他見老闆無法聽話，立刻掏出筆和紙，靠「寫」來進行說服，這一招果然見效，老闆一口氣就買了六張床。

B捨話術而取「筆談術」（由「聽覺」轉而為「視覺」），這種知覺上的轉變，給了對方「意外的經驗」，才促成了那一筆生意。

某大學的就業指導組長，也使用這個方法收到很大的效果。

畢業在即的學生，聽他介紹規模不大，但堅實有前途的中小企業，總是面有難色。他就暗示學生，這種不想進入中小企業，只巴望進入大企業的觀念，人人都有，然後，若無其事地指出，那些中小企業的成長情況，以及員工薪水高，前途無量的事實。經他如此暗示之後，很多學生都樂於報考那些中小企業了。

不經意地提出在對方來說是「意外」的事，使對方不知不覺中受到暗示，他們就興起不妨一試的念頭。

【結　論】：

1.改變對方的知覺。譬如，由聽覺變成視覺，由味覺變成視覺，使感覺器官替換之後，讓對方發覺自己的先入之見是錯的。

2.有時候，不妨利用對方的成見，來個反扭式說服。

3.暗示對方的成見是一種「例外」。

4.如果對方的成見跟某種印象結合一氣，就不經意地舉出完全相反的新例，打破原來的惡劣印象。

③使共同點和不同點明確化

●把小小的「共同點」逐次擴大

對方就算有什麼偏見、先入之見，一般而言總能從中找出雙方的些許共同點。

有一位小姐的母親，她理想中的女婿是學歷要好，經歷要好，家世、年齡也適合。女兒愛上的男性，偏偏是無學歷，出身又貧寒的「原野一匹狼」。媒人只好負起說服女方父母的使命，拜訪對方的家。

女孩子的父母表示：「為女孩的幸福著想」，這一樁婚事礙難同意。

媒人精於說服之道，他立刻逮住了：「為女孩的幸福著想」這個共同點，大說其理。女孩的父母經他一提醒，才發覺拿他們的條件找理想的女婿，恐怕曠時太久，而誤了女兒的青春，為了「女孩的幸福著想」，態度軟化，終於同意了婚事。

●暗示雙方的不同點——

當對方偏見頗深，你就若無其事說：「也許這是我的偏見，我的看法是……」如此暗示雙方的不同點，也頗見效果。也就是說，明知對方說的是偏見，卻故意把自己的觀點說成「偏見」。對方因而有了一聽您「偏見」的機會，這就好像對鏡而照那樣，可以客觀地檢省自己的「偏見」。

【結　論】：

1.找出雙方「微小的共同點」，以它做為立腳點，逐漸擴大說服的範圍。

2.先聲明自己的想法可能是偏見，如此暗示彼此的不同點，進行說服（絕不能直陳對方的看法是偏見，那就足以僨事）。

④反覆刺激

●留下印象的「反覆之功」——

商品廣告常常運用這一招而收到莫大效果，這是有目共睹的事。說服當然也可以搬出「反覆暗示」這一招。

人，面對某種刺激的反覆，就在大腦上烙下某種「痕跡」，歷久而不除，這對軟化對方異常有效用。志穎當歌手的一個青年，找上一位作曲家，請他收為學生，作曲家卻拒絕了，那個青年就天天跑到作曲家的玄關口，坐到日落。

如此一連十數天，作曲家只好收他為徒。這就是運用反覆加強印象的一招。

●以同一種語型造成新觀念——

美國語言學家早川如是說：「同一個音或同一種語型的重複，可以發生感化的力量。」

林肯的名言：「民有、民治、民享的政府」，這句話連用三面「民」，道理就在這裡。

【結　論】：

1.拿跟對方的成見相反的內容，改成宣傳文案那樣來說。

2.有時候，把自己宣傳化、標語化，藉此加強對方的印象。

3.不斷重複某一點，使對方產生另一個「先入之見」。

(3)如何改變對方的意志

——消除壓力的九個秘訣

●怎樣看出對方有心理壓力

判斷的要訣如下：

1.千篇一律，只用「哦」、「嗯」作答，毫無積極參與討論的模樣。

2.答話極其慎重，言辭似乎都刻意選擇。

3.逼他斷然下決定，就突然探究話題中的細節。

4.接受之後，忽又態度大變，藉詞拒絕。

5.一再叮問，卻左右言詞，不做正面的回答。

6.察看對方背後有沒有某種團體的壓力。譬如，公司的壓力、上司的壓力、家族的壓力、朋友的壓力等等，因為，這些壓力都會造成說服上的障礙。

7.無意許下諾言作為後日憑證，表示被夾在集團和說服者之間，難做取捨。

8.說：「我知道了」，往往是表示未接受說服。

●應付的秘訣

①利用「集團體位」的觀念

●探悉集團內部的標準——

如果在黑暗中，只點個火光，當您凝視它，不久就覺得火光會上下左右地動。心理學上稱它為「自動運動」。美國一位學者曾經利用這個現象，做了實驗。

他請三個受驗者，個別地觀察光點搖動的範圍究有多大。有人說，動了一公分，有人說，動了七公分，各人所見差別很大。

按著把三個人集在同一個實驗室，又請他們逐一口頭報告各自的判斷，這一次，他們說出來的答案，卻極為相近，再沒有剛才那種懸殊過甚的情況。

心理學上稱這種現象為「集團本位」（集團內部對某件事的基準看法）。

由此可見，拿集團內部的某些基準，來說服集團中的某一份子，必有效果。

●說服集團使對方改變態度——

集團中的一份子，當然受集團基準的影響（這玩意就成為說服的障礙），所以，有時候也得繞個彎，設法把整個集團導入您需求的方向，一舉解決問題。

●「人人如此」這句話的魔力——

推銷員或廣告文案，常有下列的說服方法：

「大家都使用的○○○。」

「隔壁的陳太太也買了……」

「大家都認為這個商品很不錯。」

這一招可使對方產生「我不附眾豈不成了化外之民」?的念頭。

【結 論】：

1.當對方覺得被說服的內容跟他的「集團本位」有所符合，他就容易被說服。

2.有時候要先對集團下手，藉此使集團的某份子就範。

3.對畏縮不決的人就使出「大家都如此」的說服術，使對方的態度趨於積極。

4.人，個別被說服時較難使之屈服，如果使形勢變成「集團的決定」，他就易被說服。

● ②向對方背後的操縱者進攻

掌握對方深層心理的「實力派人物」——

B向A公司提出某種宣傳企劃案。A公司的總經理、董事都跟他相知頗深，所以，B自以為這個企劃案一定可以通過。就沒想到，他的企劃案卻慘遭否決。

因為，B只知跟高層幹部打交道，對實際負責此項業務的C課長，從來沒打個招呼。C課長認為A太不像話，所以，在公司極力宣傳B的壞話。一個八成可以通過的企劃案，就此胎死腹中。

這個故事告訴我們，真正握有權力的往往是名不見經傳的小人物（小科員、酒友之類），要在論辯上說服對方，務必注意到這一點。

●從對方的舉止、言語中看出幕後領導者是誰——

在說服途中，突然把話題扯到對方的集團上，他必定在舉止、言語中洩出幕後領導者是誰。譬如，您並不知對方公司的內情，就用下面的話套出秘密：

「貴公司的經理是……」

「貴公司的課長是……」

這麼說之後，如果提到經理，他的反應平平，一提到課長就不禁挪身向前，那麼您就不妨進一層，把話題集中到課長身上，對方在不知不覺中一定透露出課長大權在握的事實。如此一來，您就可以透過對方的介紹，直接跟那位課長「白刃相交」了。

【結論】：

1.說服集團中的一份子時，切記，高級幹部不一定握有實權的事實。

2.對方的心理壓力顯然來自幕後人物時，這一場說服絕難奏效，不如改變方針，致力於看穿幕後人物是誰，以免浪費時間、精力。

3.若無其事地把話題誘到對方幕後集團的事，從談話中必可尋出幕後實力派人士是誰的線索。

4.說服集團中的一份子時，要探出他會受誰的影響力，然後，同那個有影響力的人物進行說服。

5.這時候，為了保存對方的面子，必須透過他的介紹，才跟那個有影響力的人士接觸。

(4)如何使對方感到滿意

——消除不滿的十一個秘訣

●如何看出對方懷有妨害說服的不滿

下面是判斷的一些線索：

1.突然做出出人意料的古怪行為。

2.把門砰的一聲關上，或是一屁股坐下去，動作顯得很粗野。

3.說不上幾句話就怒形於色，或厲詞相對，或用粗暴的口氣應對。

4.忽然端正儀容，正顏厲色地說明自己的立場。

5.對論辯的內容，來個「偷工減料」。

6.擺出乖戾、鬧彆扭、懷偏見、破鑼破摔的態度。

●應付的秘訣

①不惜以挑弄的手法使對方發洩不滿

●故意拿足以使對方反撲的話去頂撞，使其不滿頓告萎縮——

正在跟對方談論時，如果發現對方的心裡有蟠踞不散的不滿，就要暫停談論，想想該怎樣使他的不滿如河堤決口，一洩而盡。

首先，您要不惜以挑弄的手段（不管是不是損及對方的感情），讓他的不滿，徹底宣洩。這個方法有兩個好處。

1.由於不滿得以發洩，就如膨脹的皮球，給針戳了一個小孔就洩氣那樣，不滿的情緒就「頓告萎縮」。

2.由於不滿已經發洩，對方往往不自覺地透露不滿的真正原因，可以給說服者帶來許多珍貴的情報，說不定從中可以找到說服上的突破點。

● 不滿越屬瑣屑，越以具體的行動顯現出來——

某家公司，有個做事能幹，但經常使上司頭疼的女職員（A）。事有湊巧，另一個單位也有類似的一個女職員（B）。

兩位上司商量之後，趁某次人事調動期，把這兩個他們同感棘手的女職員，調到同一個單位。這兩位同樣懷有不滿的女同事，調在一起後一開下來就互相傾訴不滿。

當所有的不滿都獲得宣洩之後，由於情緒的緊張，不復存在，她們就變得能夠用客觀的眼光，觀察自己的個性了，從此以後，心情開朗，都專心於各自的工作。

A和B的工作態度，就這樣不期然轉向積極的一面，照心理學上來說，這就是深層說服術奏效的結果。不多久，她們的上司跟她們個別談話，發現她們對彼此的一切，所知甚詳。

這位上司因而獲得很多進一層了解她們的各種珍貴情報。其中包括他對A不經意說出的話（「比男子勇敢」、「很特別的女孩」），嚴重傷害了A的心這回事。

使不滿洩盡的好處，就在像這個例子那樣，會讓人發覺到，不滿的起因，原來是想都沒想到的瑣事在作祟。在以前，這種不滿的真正原因都成為一種盲點，想探索都無從探索的。

另外一個有趣的例子，發生在美國。

有個職員，他的職位和權力，跟其他同事無不相同，偏是滿肚子牢騷。他的上司經一番調查才發覺，原來他老兄的桌子比其他同事的少了一個抽屜（別人有四個，他只有三個），這麼細小的事，竟也影響到他的情緒和工作。

這種瑣屑的原因引發出來的不滿越是高漲，他本人越不肯承認「原因在此」。這是可以想像的。堂堂七尺之軀的男子漢，豈能為少了一個抽屜而大鬧情緒？這不是大失面子的事嗎？不，我的不滿絕不是這種芝麻小事引起，而是源自更重大的事——他會如此告訴自己，而時日一久，居然越發的如此深信不疑。

「比男人勇敢」啦，「很特別的女孩」啦，「少了一個抽屜」啦，說來，跟一般常見的工作和工作場所的煩惱離得太遠，卻有它更「具體」更「真實」的一面。

●傾聽對方的不滿就等於「助他一把」——

這種使之發洩不滿的深層說服術，不但可以運用到言語的發洩，也可以擴及行為的發洩。

某公司規定，總經理室全日開放，公司所有的員工可以隨時找總經理，或自由進出總經理室。這個創意，表面上的口號是：「上下有所溝通」，其實，真正的目的是：「使它成為員工們不滿的發洩口」。

何必找總經理談什麼制度的改革？他們只為了可以自由進出總經理室，平時受企業的龐大組織管理的種種不滿，就得到了發洩的作用，您說妙不妙？

又如，不少大企業，都設有「顧客抱怨處理小組」。

在積極意義上，它有迅速反饋（feed back）消費者意見的作用，另一方面，卻讓消費者對不良品、缺損商品的不滿，有個發洩不滿的機會。

消費者有了盡情抱怨、發洩不滿的機會，當然對那個企業的印象不會變壞，因為不滿發洩之後，人人覺得神清氣爽，得意萬分。

抱怨處理小組的每一個成員，當然都很能耐。譬如，有個女性顧客，在廉價部門買到一件大衣，回家後，發現裏子有個小小的污點，她青筋畢現地跑來，衝著抱怨處理小組的人暴跳如雷。這時候，抱怨處理小組的人，才不會這樣說：

「唉呀，這是廉價品嘛，難免有些缺點，何況裏子的污點又看不到，有什麼關係？是廉價品才這樣，否則我們可要賣得貴一倍了。」

為了讓顧客能夠盡洩不滿，他們往往故作大驚狀，或是立刻詳問從哪個廉價專櫃買來，甚至若有其事地請顧客在「抱怨處理單」上，填寫意見（說是要做改進的參考）………，真個使出渾身解數，使顧客怒沖沖而來，笑孜孜而走。

【結　論】：

1.把對方的不滿悉數接受（傾聽），有時候，甚至挑弄，使之盡吐心中塊壘。

2.對方發洩的不滿中，藏有不滿的真正原因，這個情報之可貴，足以使您在說服上成為一種利器。

3.使同懷不滿的雙方，被此傾吐不滿，他們的不滿很快就消失無蹤。

4.不滿的真因，往往躲藏在瑣屑不值一談的事裏，卻以很具體、很真實的情況出現。

②不是禁止，而是勸他試試相反的事

●該批判時不批判，該稱讚時卻大加稱讚——

我一位朋友，討了個老婆，那個老婆橫看豎看，怎麼也不算是個服飾考究的女人。曾幾何時，不到幾個月，她卻靠先生的高招，搖身一變成為打扮入時，風韻十足的女人。

婚前，她對自己的容貌頗有自卑感，打扮云云，也就提不起一丁點興緻。她自以為我這樣容姿平凡的女人，還能打扮出什麼名堂來？

她有個長得極標緻的姊姊，這個事實使她的自卑感只增不減。如果有人要替她梳個新髮型什麼的，她就柳眉倒豎，罵說：

「別管我！我跟姊姊不同，梳什麼新髮型？」

這樣一個老婆，我的朋友到底使了什麼魔術，使她前後判若兩人？

據他說，如果她穿了不相稱的衣服，他老兄就一句話不吭，可是，當她穿了一件相稱的衣服，他就大讚特讚，說她：「簡直換了一個人，令人眼睛一亮。」

髮型也好，攜帶物也好，他都搬出這一招。

次復一次，日復一日，老婆就對打扮興緻大起，積極地去多方研究了。以前便有的自卑感，也飛得無影無蹤。D・卡內基寫的一本書，也有類似的故事。

某公司總經理巡視工廠的時候，發現幾個從業員站在禁煙牌前面，悠哉悠哉地吐雲吞霧。他們看到了總經理，還是照抽不誤。換了另一個經營者，一定大發雷霆，罵說：

「你們沒長眼睛呀，怎麼站在禁煙牌前面抽煙？」

這位總經理是個老於世故的人，不但不開罵，還趨前遞給每一個人一支香煙，說：

「走吧，我們到外面抽個痛快！」

這兩個例子的共同點，在於有意禁止不好的行為，但是不直接形之於言，反倒勸對方做相反的事。論辯的時候，如要消除對方的反抗態度，不妨套用這一招。

● 要對方放棄就該勸他走另一條路——

當我們說服別人，往往使自己的意圖成為對方極感不愉快之事。

這就等於加多了另一個不滿，負擔之重可以想見。為了避免這個現象，在拒絕或勸對方放棄意見時，務必為對方指出另一條路徑，使他有路可退。

某雜誌社的職員曾經告訴我下面的事。

他們常為了拒絕送上門的外稿而煩不勝煩。怎樣拒絕才不會傷到對方的心，是一件相當惱人的事。

姑且不論作品寫得好不好，至少對方是眾多讀者之一，而且耗了數個月才寫成，他們的辛勞和熱忱不能不尊重，所以，「沒有商品價值」、「描寫不夠深入」之類的話，是絕不能說的。

編輯們應對的方法，是勸他們「走另一條路」。譬如，對他們說：「大作的內容，不合敝社的讀者層，要是內容合乎讀者層，我們可要刊在第一篇了。」

再不就是說：「換了〇〇雜誌社，他們一定如獲至寶。」

這就是說，絕不否定作品本身的價值，只勸他走另一條路。

除了拒絕或勸其放棄意見之外，要對方自動做某種事，也可以運用這一招。

譬如，要小學程度的孩子做某件事，卻遭到拒絕，這時候如果說：「以你的年紀要做這種事，恐怕還做不來。你絕對做不到的，還是算了吧。」用這種激將意味的話，挑起孩子的自負心，孩子就會自動去做那件事。這都是運用深層說服術的結果。

【結　論】：

1.要讓對方改變態度，就不要一意指責對方的缺點。只稱讚對方的長處，往往較容易達到目的。

2.拒絕某種提案時，要強調那個提案更適合於另一種場合。

3.對方不願意那麼做，就婉轉地反問說，不是不願意，而是做不到。

4.要對方對某件事死心時，必須讓他知道，不死心就得付出相當的代價才能辦到。

③使對方的不滿轉向或轉位

●造成「比上不足，比下有餘」的心境——

對方在心靈深處，猶抱不滿的時候，如果使其不滿有所轉向或轉位，仍可達到說服的目的。也就是說，由於不滿得到某種轉向或轉位，不滿之情就大大減少，增加對說服者大開心門的機會。

某報社的「人生信箱」欄曾經刊過下面的記事。一個女性讀者向專欄主持人訴苦說：

「我是結婚不久的主婦，在夫家，由於生活上的各種實權，都被婆婆一手掌握，害得我過著苦悶難消的日子。」

主持人的回答：

「我的故鄉，在台灣南部某個鄉下，那裏，一個家庭主婦過的日子，簡直是牛馬不如。那一帶，以大家族居多，一個女人嫁到那種大家族裡面，三餐只能吃到家族吃剩的飯菜；洗澡，只能使用全家人洗後剩下來的水；一年到頭，得不到一個子兒的錢；每天，天還沒亮就起床，一直忙到天黑。她們只有進廁所或是給嬰兒餵奶的時候，才能喘一口氣，歇一會。」

這位專欄主持人，為什麼要介紹家鄉的新娘牛馬不如的生活？

這是拿「比上不足，比下有餘」的例子，告誡那位讀者：

「妳呀，跟那些人比起來可是安逸、幸福多了，可別為目前過的日子抱怨不停呀！」

我相信看到這個回答的那位讀者，就算不滿之情仍然不消，至少，她的心情一定輕鬆得多、好過得多。俗語說：

「瞧別人的不幸，就能忘了自己的不幸。」

慾望未遂帶來的不滿，同樣也可以套進這個原理上。這就是說，看到別人懷有的不滿，比自己懷有的不滿大得多，心理上的痛苦就會減少許多。

論辯上的說服，不妨善用這一招，使對方大開心門，接受您的意見。

●使對方的不滿和自己的不滿「對在一起」——

這也是給不滿另一種評價的方法。下面介紹的方法，您不妨找機會試試。

在交涉某件事而論辯時，如果對方對您提出的條件，露骨地表示不滿，您要承認他的不滿有它的「價值」。

假設，A公司的職員C，到B公司交涉某種商品的採購價格。B公司對C所提出的採購價格，顯然大為不滿。如果，C是個精幹的人，他一定說：

「B公司不愧為此行中的佼佼者，對自己的產品信心十足，難怪對敝公司提出的價格感到不滿……。」或者說：

「這個價格一提就能獲得貴公司同意，那才是天大怪事……，您的不滿，敝人也覺得理所當然。」

另一個例子，是有關女性的。要說服對某種婚事感到不滿的女孩，您就說：

「像妳這種幾乎是十全十美的女性，對任何對象當然都會感到不滿，妳感到不滿，表示妳有識人的眼光呀！」

如此這般，承認對方的不滿是「理所當然」，是「有其價值」。只要承認對方的不滿是「理所當然」，對方的不滿就立刻萎縮下去。

人，實在是奇怪的動物。當被指出自己的不滿「太沒道理」，不滿之情就愈為高漲，要是不滿被「承認」，就有「意外之感」，不知不覺中不滿就大減，或者徹底消除。如果您也表白自己也有類似的諸多不滿，雙方的心理距離就更能拉近，說服工作就更容易進行了。

【結論】：

1.搬出一個更大的不滿，跟對方較小的不滿做個對比。

2.當對方表示不滿，就承認那個不滿是「理所當然」，如此轉變對方的情緒，就易於說服。

3.表白您這方面也有眾多苦惱和不滿。

(5)如何使對方不懷反感

——消除反感的十個秘訣

●怎樣看出對方極有反感

下面是判斷的要訣：

1. 在談論中突然離座，或故裝有所思考，把臉歪到一邊，不正視您。
2. 當逐漸逼近正題，就提出另一個話題。
3. 使用不合時宜的客氣話。
4. 捏造狗屎歪理，對您的話，逐句做毫無道理的反駁。
5. 對方絕口不提說服者的姓名。

●應付的秘訣

①暫時容忍對方的「主張」

●消除反感的言辭和態度要分開使用——

論辯時，如果對方的反感太激烈，您將難以得勝，所以，務必先設法消除對方的反感，才進入論題。

「暫時容忍」，並且形之於言表，便是消除對方的反感最管用的一招。不過，形之於言表時，要注意對方社會地位的優劣，據此決定，是「形之於言」好，還是「形之於態度」好。

1.對方的社會地位比自己低劣時：

開口就說：「唉呀！真沒想到你這麼討厭我……」

以這種話表示您容忍他、接受他，使對方發覺：「您知道他有反感」。

如此誘導之後，對方就不得不對「這句話」有所反應。

他會說：「不，絕對沒有這回事……。」

或是說：「請別這麼說，您這是誤會了。」

這麼一來，對方的反感就在不知不覺中迅速萎縮下去。

2.對方的社會地位比自己優越時：

這時候，您如果說：「真沒想到您這麼討厭我……。」

或是說：「您對別人是不是也搬出這樣的態度？」這就砸鍋無疑，使用這種其笨無比的話術，八成使對方反感愈熾。

您應該說：「孤陋如我，說這種話，也許是太放肆、太冒昧了……」之類的話，同時，態度更要顯出唯恭唯謹的模樣。

就算對方搬出一副不屑一談的態度，您也一仍舊慣，搬出上面那句話和態度來應付，對方的反感勢必逐漸減少，甚至完全消除。

因為，對方故意屢出輕視的態度，多的是抱著：「看這傢伙對我的輕視作何反應？」這種「試試看」的想法。

如果您稍有不滿的言語或態度，他的反感就只增無減，如果您一直低聲下氣（客客氣氣的意思），對方就產生了「放他一馬」的念頭。

●使自己變成「壞人」——

一位正在電視界竄紅的女演員，在某節目上，給主持人問到她成為電視演員的理由。那位演員的回答是這樣的：

有次，她在鬧街逛馬路，碰到一個男人向她搭訕。她對那個男人（製作人）印象不怎麼好。

當時，她絕無當演員的念頭，所以，在路邊向陌生女子搭訕的星探之類的人，不只是讓她戒意特深，更有強烈的反感。

後來，那位製作人打電話告訴她：

「由於我的不禮貌，惹得您生氣，實在很抱歉。可是，為了我的冒昧無禮，無法使這件事成功，我就罪不可赦了。沒辦法使您這樣的人成為演員，說來，過錯都在我的身上。我會請電視公司所有的製作人，寫推荐書，不管如何，務請給我再晤一次面的機會。」

經他這麼一說，本是誓不踏進演藝界的她，終於被迫改變了心意。

彼此有所論辯時，誰會對對方抱有好感？那是絕無僅有的事。所以，臨場之前，對對方的反感應有心理準備。

當對方顯出反感，就當場表明「反感的原因在我」，就能夠把話移到另一個階段。也就是說，說服者為了使對方的反感轉為好感，不得不暫時充當「壞人」。

【結論】：

1. 對方的社會地位比自己低劣時，就說：「真沒想到你這麼討厭我」之類的話，使對方發覺您知道對方有反感。
2. 對方的社會地位比自己優越時，自始至終採行保全對方面子的態度。
3. 當您說服有反感的人，絕不能先說出自己的理由。
4. 反過來利用對方「試試反應」的策略。
5. 當對方提出若有其事的道理，您也要若有其事地暫時容忍。

6.進入正題之前先承認「過錯在我」，藉此消除反感，以免拖延正題的論辯。

②造出共同「目標」，使反感轉向

●因第三者而消滅了反感——

原是反目如九世大仇的兄弟，由於父親罹病重危，大夥就言歡如初。

原是水火不容的同學，由於出現了專門欺負同學的大孩子，彼此變得很親熱。

這種由於第三者的出現，反感因而煙消雲散的例子，可以套用到論辯上的說服術。

●暗示對方的反感「無其必要」——

使對方的反感轉向或消除的另一個技巧，是讓對方站在更遠大的視界去「注視反感」。

拿最淺顯的例子來說。在公司裏上司為了消除部屬的反感而對那個部屬說：「我知道有些地方我也做得太過火。可是，你也大可不必為那種瑣屑的事，耿耿於心呀。男子漢嘛！總得看得遠，看得廣呀。」

從深層說服術上來說，這確是很管用的一招。

一般而言，誰喜歡心有疙瘩，與人反目？誰不願意跟別人圓滿相處？

所以，只要善於自動造成「言好如初」的機會，對方自無拒不合作之理。不少上司，邊承認自己的不是，邊把部屬的反感，當成「芝麻小事」，藉此減少部屬心理上的傷害。

這種把對方帶到站在更大的視界去看「反感」的方法，可使對方恍悟，您並不是他所想像那麼不可理喻，那麼值得仇視的「敵人」，進而讓他知道，站在更廣大的視野去看，您也許是他的「夥伴」、「知音」。

如此徐徐除去對方心理上的「銅牆鐵壁」，對方就對您產生某些程度的好感，論辯時就可以為您帶來容易使之就範的機會。

【結　論】：

1.造成共同的「目標」，使對方的反感轉向。

2.使對方站在廣大的視界，去注視「反感」，藉此使他了解那種反感，以遠大的眼光來看，實屬「微小至極」。

3.使對方了解，對某人抱反感，往往是自己的一種損失。

4.使對方感悟，以遠大的眼光來看，您並不是他的「敵人」。

第七章

論辯必勝的49則心理戰略

您要每辯必勝，除了言辭得當、理路井然、攻守有術（即第一章到第五章說的，言辭為主，理論為副的論辯術），還得注重說服的技巧（即第六章說的，說服術為主）。除了上面這兩種武器之外，您還要具備言辭、說服之外的另一把利器——心理戰略。

一般言及論辯之書，大都忽略了這一點，本書特地另闢這一章，為讀者提供「每辯必勝」所該具備的「心理戰略」，使您在論辯戰場上，如虎添翼，無役不勝。

(1) 消除緊張、膽怯的21則心理戰略

1. 擔心對方小看您時：

氣勢在論辯上至為重要。如果對方的實力超過您多多，只要心理上跟他站在同等的地位，您就可以發揮無比的能力，扳倒強敵。所以，當您擔心被對方在心理上壓倒，不妨細察對方的表情、服裝、話術，從中找出對方的缺點，藉此壯大自己的膽子。

也就是說，在心理上站在「評價」對方的立場。譬如，看出對方襯衫不潔、鈕

釦脫落之類小缺點，使自己產生一種綽綽有餘的心態，您就可以在心理上跟對方立於平等的地位，而不至於太緊張。

2.一開口即聲音宏亮，就不會怯場。

3.服裝方面，有某種較豪華的東西，就會信心大起。

4.論辯之前，如果遇到不愉快的事，要利用很短的時間，使自己的心情稱為愉快。

譬如，走到書攤，翻看您喜歡的雜誌；看幾則笑話，大笑一番；逛逛附近的百貨店，欣賞悅目的商品……。

5.對手可能使您怯場時，設法提早論辯的時間。

6.以輕快的步調走到會場，心情會輕鬆許多。

7.提早到達會場，心理上就不會那麼畏畏縮縮。

8.保持眼睛的高度跟對方齊等的地步，精神壓力就會減輕不少。

我有位美國朋友，身高足足有兩公尺。跟他走在一起，我們就像大人和小孩，因此，剛認識他那一段時期，我總有泰山壓頂的感覺，使我一見了他就有點畏縮不前。原是立場對等的雙方，由於眼睛的高度不同（物理條件的差異），使我在心理上處於劣勢。所以，在論辯的場合，如果對手的身高，高過您太多，最好雙方都坐而談論，以免心理上處於劣勢。

9.選場所最好選擇自己熟悉的地方，如果辦不到，至少也要選擇雙方都不熟的地方。

10.遇到可能使您畏縮的對手，說話的時候要一直注視對方的眼睛。

11.把關鍵性的問題，提早說出來，緊張感就會緩和。

12.怯場時坦白向自己承認：「我有點怯場了，真不像話！」此語一出，您就不再那麼緊張。

13.論辯之前，讓「強硬的自己」和「懦弱的自己」，在心中對話。人，有強硬的一面，也有懦弱的一面。樂觀成性的人，常常對失敗不肯有所回憶；悲觀成性的人，常常對過去的成功不肯有所評價。

人的本性，至為複雜，既有樂觀、悲觀的一面，亦有強硬、懦弱的一面。輪辯之前，為了消除這種不均衡現象，合該使「強硬的自己」和「懦弱的自己」在心中對談。「這一次，我很可能會落敗。」說這種話的「懦弱的自己」，一定對那次論辯該注意的事，特別敏感。

「不，這一次必然馬到成功。」說這種話的「強硬的自己」，必因那次論辯所佔的優勢，而鬥志高昂。由於這種對談，「強硬的自己」和「懦弱的自己」就彼此扮演了監視、輔佐的角色，使您力量倍增。

14.覺得在氣勢上已被對方壓倒時，不妨拿出一張紙，胡亂塗寫。

這一招有兩個作用。對自己來說，由於握筆胡亂塗寫，手指頻動之時，緊張感就大見緩和。

另一個作用是可以攪亂對手的心理。因為您一邊亂寫東西，一邊聽對方滔滔而辯，他老兄自然而然就興起「我的話那麼不值一聽呀？」之類的想法，甚至認為自己受到嘲笑、愚弄。感覺受到嘲笑、愚弄，反過來說就等於承認：「對方是絕不能小看的大號人物。」打擊敵人的鬥志，這個方法著實大有效果。

15.論辯之前，想出一些自己的優點和成就，就會產生莫大的信心。

16.告訴自己：「我緊張、不安，他老兄還不是一樣會緊張、不安？」您就心境坦然，有了直往直前的勇氣。

17.告訴自己：「我的對手，還不是跟我一樣，是一個平凡的『人』？既不是三頭六臂的魔神，也不是什麼神佛再世的超級人物，何怕之有？」這個方法使您不會為對方的社會地位或頭銜嚇住。

地位和頭銜只是外表上的一種「衣裝」而已，把那些「衣裝」剝光，還不是一個坐著拉屎、站著拉尿的人？如此想開，您就不會受到對方地位、頭銜的壓力。

18.為了防止論辯突然中止時候發生的尷尬氣氛，事先要帶些資料、備忘錄之類的東西，以便隨時可以若無其事地翻看。

19.當您忽然給對方的問題難住（無法作答）要立刻反過來問對方有關的另一個問題。

20.發現自己說錯了話，就立刻在腦裏想起與此全然無關的事情。

失言對論辯而言，是一種致命傷，但是，事已發生，駟馬難追，苦惱有什麼用？重要的是，別因為發現失言而緊張失措，搞得血沖腦頂，又連連失言，那就更回天乏術了。

失言之後，之所以手足無措，是由於注意力一下集中到失言之事，使您喪失冷靜的緣故。

失言之後，如果又懸念對方作何感想，是不是心中稱快，那就更糟糕，這是一般人最易掉進的心理陷阱。發現失言了，您要立刻運用「自我暗示術」，也就是說，腦裏馬上想到跟失言、論辯全然無干的事。

譬如，想到打高爾夫的一幕；客廳裏擺設的花木；電視節目的某個鏡頭等等。如此一轉念，您的情緒就漸趨緩和，人也會鎮靜下來，因失言而來的緊張，俄頃之間化為烏有，您就又可以從容面對您的「敵人」了。

21.發現自己很緊張，您就使所有的動作緩慢下來。

這是消除緊張相當管用的一招。譬如，站起來發言的動作；在黑板上寫字的動作；說話的速度……，無不使之緩慢到您自己都覺得：「是不是太慢了？」

事實上，連您都覺得「是不是太緩慢了？」的動作，通常，在那個場合卻是恰到好處。靠它消除緊張後，您就可以恢復冷靜，又能侃侃而談了。

(2) 迅速看穿對方意向的16則心理戰略

1.動不動就說「知道了」，這樣的對手，顯然是存心拒絕您的意見。

聞一知十的人，世上無多。論辯時，對方如果裝得像個聞一知十的人，動不動就說「知道了」，您就該小心對方或許無意聽您的話。

這時候，您就當做他是「所知無多」的人，把您的論點說得更詳細、更動聽。

2. 對方態度不恭謹，甚且舉止粗野，表示很可能心有不安或懷有弱點。有必要在言辭上針鋒相對的論辯，彼此還是要守個分寸，一般的禮數仍然難免，這是常理。可是，一見面或是開始交談之時，就態度不謹，甚至頗多有失禮節之處，表示對方很可能心有不安或懷有弱點。另一個可能，是故意做出這種舉動，擾亂您的精神，所以，務必冷靜以對，切莫心有怒氣，上了對方的當。

3. 對方如有掌握您弱點的企圖，即使初次見面，也會對您的私生活問個不停。初次見面的對手，如果毫不客氣地問您私生活上的事，別單純地認為對您有了好感，您該警惕自己：也許他是志在探索我有什麼弱點，做為論辯時的一種武器。

4. 面無表情的對手，以論辯強手居多，要小心為妙。

5. 對方出語如連環炮，不曾稍歇，用意在不讓您多說，想一鼓作氣佔盡優勢。

6. 涉世頗深的敵手，在論辯進行中，往往一直微笑，態度親切，這是志在必得的一種煙幕，您要特別小心，別上了他外表的當。

7. 論辯途中，向您遞煙，甚至為您點火，是對您有了好感的表示（也有例外，但至少可以當做沒有激烈的敵意）。

8.對方不斷把手放進褲袋，表示他在緩和自己的緊張。

情緒緊張的人，往往不經意地做出一些小動作。把手插進口袋，就是最常見的一種。

口袋是最接近自己身體的部份之一，把手插進去，藉此增加跟自己的「親密性」，是緩和緊張的一種方法，這是心理學家研究出來的結論，值得參考。

9.對方說出狂妄的話，甚至傷害您自尊的話，用意在激怒您，使您失去理智的論辯能力。

10.對方發言時，語音顫抖，眼睛不正視您（例如，望向天花板，或空中的某一點），表示情緒緊張，或膽怯無勇。

11.在論辯途中，忽然停止您的話，讓對方接下去，就能測出對方的心意。

對形狀不全的圖形或言語所做的解釋，可以顯出人的性格和精神內層的狀態。利用這個方法所做的心理測驗，叫做「投影法」。有一種運用「投影法」所做的測驗，叫做「文章完成法」（類似造句）。譬如，給應試著類似下面不成句的題目：

「孩子時代，我……」

的心態，這就是「投影法」的目的。

「我的父親是……」

點線的部份，由應試者填成完整的一句話，分析那句完整的話就可以測知對方的心態，這就是「投影法」的目的。

「投影法」可使對方的心態，或是心靈深處的各種狀態，纖毫畢露（無法做假）。對措詞慎重，使您料不出心向的論辯對手，可以搬出這一招來測出他的意態。

譬如，像下面的例子，您故意把話說得不全，使對方不得不接下去：

「這麼說，您的意思是……」

「如此說來，這個論點就……」

「照您的說法，它的意思就……」

這樣把您說的話忽然中斷，等對方接下去，從中看出對方的反應，做為您下個階段攻擊的有力資料。

妙就妙在，當您用這種語句不全的話去引誘，對方八成都會像「投影法」所要求的那樣，毫不考慮地把語句不全的話，接成完整的一句話，而這句話裏面就含藏了頗多值得您做還擊之用的資料，無異增加了您的底牌。

12.對方把論點岔開時，任其說下去就能探知用心何在。

把論點岔開，通常有三個情形：

①一時不慎而岔開。

②突然聯想到某一件事而岔開。

③存心岔開，有意把論點扭到另一個方向。

不管是哪一種情況，對方當時的注意力都會集中到岔開的話題上，您就任其說下去，不要打岔。讓他說了一段時候，您才根據下面的方法判斷對方的用意何在。

如果是①的情形，不一會，他就發覺把話岔開的事，因而顯出尷尬的表情（這種表情只要小心觀察，一眼即知）。

如果是②的情形，他只是一時離開原來的論點，所以，很快就自動回到原先的論點。

如果是③的情形，他會一直朝著岔開的方向說下去，毫無扯回原先那個論點的跡象，您就知道他的用意是故意把論點扭到另一個方向（通常，這是對他有利的論點）。

13.探不出對方的下一個步驟時，故意離開論點，說些無關宏旨的「閒話」。

如果對方也輕易參與您的「閒話」，表示他對您的論調已有接受的意向。要是不參與您的「閒話」，那就表示無意接受您的論調，您可以隨著他的反應，另擬策略。

14.對方若有所思時，不妨直問「所思何事」，從他的回話，可以探知他當時的心理意向。

15.論辯當中如果出現意義曖昧的話，只要反覆追究就能探出對方語中的真意。

有關這一點，下面的故事就是絕好的例子。

心理學者A先生，是NHK電視台「人生問題」節目的解答者。要在有限的時間內，對提出問題的人提供誰聽了都覺得合情入理的答案，實在不容易。

這位心理學者對「逮住對方的真意」，頗有一手。他的要訣就是：

「如果出現意思曖昧的話，就要反覆追究。」

譬如，一位有夫之婦（姑且稱之為M），曾經提到她的煩惱，那就是，丈夫每天晚歸，似乎在外風流，不知有何對策？她先列舉丈夫可能在外惹花拈草的種種疑點。最後，她說了一句：

「只有丈夫在外胡來，實在令人氣炸了肺，我絕不能原諒他……」

A先生立刻逮住了這一句話，問她：

「您剛剛說的『只有丈夫』這一句話，究竟是什麼意思？」

M夫人答說：

「我的意思是大夥都說，風流是男人的本性，我覺得這是古時候的觀念。瞞著我在外風流，是對愛情的一種背叛……。」

A先生緊著問：

「您說，那是古時候的觀念，照您的意思，是說現代女性也可以風流囉？」

M夫人立刻辯說：

「我可不是這種意思，我是說，這不是風流是對或不對的問題，而是他瞞著我在外風流，這才是令人生氣的事……。」

A先生語如利刃，又緊著問：

「這麼說，只要不瞞著您，明目張膽地風流，您就允許他？也就是說，只要彼此坦白，雙方都可以風流？更清楚地說，您的意思是既然丈夫可以風流，做太太的也可以風流，是不是？」

據說，M夫人勉勉強強地承認自己有這種意思。開頭那一句不經意說出的話——「只有丈夫」那句話，原來藏有她心靈深處的一種慾望——可能的話，她也想風流。

A先生的話術，很巧妙地從「只有丈夫」那句話，套出了M夫人的潛在慾望，由此可知，反覆追究的效力有多大了。

16.受稱讚時別樂昏了頭，表面上謙虛一下，心裡卻要把對方的真意揣摩一番。

(3)讓對方說「是」的12則心理戰略

在第六章已經說過，逼使對方說「YES」。論辯的勝機就可以牢牢掌握，導致全面的勝利。優秀的推銷員，都精於此道，所以，業績總是獨佔鰲頭。要做一個每辯必勝的人，當然也得諳於此技，才能成為此中高手。

1.從對方容易答「是」的論點入手，就可以輕易摧毀對方的防守力。

據說，大村益次郎（一八二四～一八六九，明治初期的名醫、軍事家。自小習荷蘭醫學，通荷語、英語。歷任講武所教授，倡兵役制度，精於兵制，後被守舊派武士暗殺）是個一天到晚板著臉孔的人。他留下很有趣的一則故事，值得提出來一談。

某年夏天，鄰人跟他寒暄，說了一句：「您好，好熱的天氣，是不是？」他卻愛理不理地回答說：「夏天本來就是熱的。」

站在論辯心理學來說，這是值得研究的一件事。他是個軍事家，當然具有軍事家慣見的警戒心，在人際關係上也難免顯露戒慎的特色。

假設，當時他回答的是：「是啊，的確很熱呢。」一個「是」字出口之後，自我防衛的態勢就告瓦解，對下一句問話，也很可能答以「是」。造成這種局面，對一個必須時時刻刻有所戒備的軍人來說，實在是極危險的事。

大村之所以在日常生活中打招呼時，也不肯放棄「拒絕」的態勢，原因就在：與其讓對方侵入之後，設法擊退，不如一開頭就不讓對方侵入。這是兵家的一種軍略，他可說是躬自踐行，及於寒暄了。

這個例子告訴我們，論辯致勝，必須想盡辦法使對方說「是」，否則，攻城掠池勢必費勁至多。為了使對方說「是」，第一個要訣就是從對方容易答「是」的論點入手。

2.一開始就以辯解的口氣說話，您就被迫採取守勢到底。

我一位朋友，在印度旅行時，遇到一次小麻煩。他在餐廳吃飯，中途離座到了廁所，回來時，他發現一個印度人，正在從他掛在椅背上的上衣，抽出錢包。他當場詰問，哪知印度佬卻說，他是在替他「清潔錢包」，自始至終不肯承認他是要偷錢。

這例子告訴我們，一旦露出了自己的弱點，您就給逼得非採行守勢到底不可。論辯時切莫一開頭就以「辯解的口氣」說話，這就顯得比對方矮了一截，而氣勢一失，立場轉弱，豈能獲勝？所以，論辯開始之時，絕對要保持不亢不卑的態度，切莫卑屈逾度，自招敗績。

3.給對方貼上某種「標籤」後，對方就下意識地受那個「標籤」的束縛。

誰都有某些缺點，如果被人一言指出其缺點，就發生卑屈的心理。例如，對成績不佳的孩子說一聲「你實在很笨」，孩子就受那句話的束縛，成績就變得更不好。這種心理上的 mechanism（機械裝置），叫做「標籤效果」。論辯時應該活用這種「標籤效果」。

例如，指出對方的論調是「信口胡云」、「毫無理路」，他就受這些話（標籤）的影響，心理上發生「標籤效果」，這就容易逼對方進入回答「是」的心態。

4. 點頭致禮的時間，對心理上的優勢也大有關係。

有人說，在歐美各國遇到交通事故，絕對不能先說「抱歉」。因為，歐美人認為先說「抱歉」的人，錯必在他。這可說是經驗之談，值得三思。

一句「抱歉」會使自己在心理上處於劣勢，拿點頭致禮來說，也可以套用這個原理。

點頭致禮，一般人認為只是單純的禮節而已，實則它含有地位各有差別的意義。例如，在禮節上來說，地位最低的人該先點頭致禮。吃飯，則由地位最高的人，先動筷子夾菜。

禮節既然有一種序列（程序）關係的形態，只要您自動採取「本人是在座中地位最高的人」那種動作，對方就被迫處於心理上的劣勢。所以，點頭致禮時，比在場的任何人要後，您就可以在心理上立於優勢。這也可以逼使對方進入回答「是」的心態。

別把點頭致禮當做小事一樁，它的影響力比您想像的還大呢。

5. 握手為禮時，握得比對方有力，心理上可逼使對方處於劣勢。

握手也是見面時候的一種禮節，它有一種定型的習慣。由於是一種定型的習慣，如果故意破壞它（握得比對方更有力，或連搖幾下），對方在心理上必然產生某種動搖。運用這一招，也不難使對方處於心理上的劣勢。因為，對方會覺得：「他那麼有信心？」之類的疑慮，這種疑慮足以擴而大之，影響到對方的信心。

6.彼此的距離不能太近

論辯時如果雙方的距離太近，就產生類似「地盤被侵」的心理作用，容易使對方戒意特強。

根據心理學家的實驗報告，四・五公尺左右的距離，最容易使對方接受說服。有這樣的距離，就容易觀察對方，也不至於受到對方的壓迫感。

7.儘量少用抽象的語詞

同樣是訴求一件事，如果善用淺顯的譬喻，避開抽象的語詞，就容易被對方接受。例如，在選舉時，同樣是訴求流通機構的問題點，下面兩種說法差別就很大。

●「在經濟風暴普罩下，世界經濟日趨萎縮。本人當選後，一定具體地擬定使流通機構合理化的種種有效措施……。」

●「各位女士，您們可曾知道在此地生產的黃瓜，曾經做了長途的旅行，經過好多業者，包在塑膠袋之後才排在市場，由各位去購買的事實？」

哪一種說法比較容易被接受，是不問可知的。前者的話，如果寫成文字，還可以理解，若是用嘴巴來說，只會讓聽者感到心煩意躁，效果大減。

輪辯時應該傚法後者的說法，以免惹起對方的心煩意躁，否則，要對方產生回答「是」的心態，可就難如挾山超海，水中撈月了。

8.對方劈口就大要抽象論調，您就搬出現實的話題挫挫對方的氣勢。

第二次世界大戰的時候，在英國向德國宣戰後的第三年（一九四一），羅斯福總統派他的特使——哈里·霍布金，到英國跟邱吉爾會談。

邱吉爾急於獲得美國的援助，所以，跟霍市金一見面，劈口就大談戰後的世界情勢將如何如何。滔滔不絕，大有無休無止之慨。

霍布金等他說完，語簡意賅地還擊說：

「現在，哪有閒工夫談那種理論？要緊的是閣下是不是有決心把希特勒那傢伙解決呀！」

大人物如邱吉爾，給這麼一說，也頓時一楞一楞地。

論辯時對方如果大耍抽象理論，您就要學這一招，搬出身邊的現實話題，造成挫其氣勢，心為之動搖的局面，把主導權由對方手中奪過來。

9.善用「暫停」策略

當兩個球隊交戰，看出自己的一隊陷入危機，教練就喊「暫停」，向隊員面授機宜，以便扭轉戰機。

老馬識途的教練，懂得什麼時候該喊「暫停」，什麼時候不該喊「暫停」。該喊不喊，或不該喊而喊，同樣都會馬前失蹄，慘遭敗績。

輪辯時如果看出情勢不佳，或忽然答不出對方的話，就該使用這一招（例如，離席到洗手間，或提議「大家喝杯茶再說」之類）。要注意的是只能用一次，否則，對方馬上就看出您已經處於劣勢，那就弄巧成拙，逼自己進入更大的困境了。

10.用對方說過的話陳述您的意見，就容易被對方接受。

我一位幹編輯工作的朋友，是擅長約稿的人。任何作者經他一說，都無法拒絕他的要求。

他的方法是這樣的：當對方拒絕，他並不告退，又繼續跟他閒聊，表示有興趣聽他說話。對方不知是計，開始上下五千年地聊起來，我的朋友就看準時機，插進這麼一句話：

「聽您的話，使我想起了這樣一件事，大家都認為這個問題很有趣，您的看法呢？」

他說的「那件事」當然是事先就準備好的，對方經他一問，當然會說出他的看法，我那位朋友就趁機說：

「您的看法實在新鮮，應該讓更多的人知道。把它寫出來，又不必費您太多的時間，您就用這個題材寫一篇吧，謝了。」

對方由於那一句「您的話使我想起了這樣一件事」，錯覺主導權在自己，結果是不得不接受約稿。論辯時當然也可以運用這個秘訣。

「您剛才也說過……」

「借您的形容方式來說，它就成為……」

如此引用或形容對方說過的話，把它轉變成您的論點基礎，對方就容易掉入回答「是」的心態。

11.不知答案的問題，您就暫時不必回答，採用反問法套出對方的意向。

我看過一部喜劇影片，裡面有一段內向型的男人表白愛意的對白，令人覺得很有趣。

女：「真怪，世界上怎麼有獨身主義的男人？」

男：「妳是說怎麼有那種男人？」

女：「身體又沒有什麼缺陷，也能自食其力，人也長得蠻性感……奇怪，是不是太遲鈍了？」

男：「遲鈍？什麼事太遲鈍？」

女：「有個女人愛上了他。那個女人呀，長得蠻可愛、蠻迷人的。」

男：「愛上了誰？」

女：「就是你呀。」

男：「愛上我？是誰愛上我呀？」

女：「這還用說？不是我還有誰？」

男：「老實說，我也愛妳呀。」

分析這一對男女的會話，男的一直避不作答，毋寧是說，對女的每一句話都採行反問法。

一般而言，有意說出「愛的自白」的一方，心理上就屬於劣勢，這個男的卻對女方的話故裝不知，而且用極高明的方法，逐一逼她，終於使她不得不先說出「愛的自白」。

這是誘導質問法的一種，目的在套出對方的真意，拿它來強化自己的立場，算是很管用的一招。通常，一個人發問時總是期待對方有所回答，哪知，事實正好相反，對方不但片語不答，卻轉過來反問，心理上難免受到一些衝擊。採取這種還擊技巧，可以帶來使自己處於優勢的絕好機會。

12.「擁有戰略」可以使您篤定如山、態度從容，未戰就氣勢蓋人，勝利可望。

老練的主持人，往往也在現場播出的電視節目中，因緊張而忘了要介紹的歌星的姓名或曲名。這時候，乍出茅廬的主持人就急忙偷看隨身攜帶的字條，換了個中老手的主持人，就若無其事地說：

「這一首歌，只有這位歌星才唱得好，我們來看看是誰，唱的又是什麼歌。請鼓掌歡迎！」

由於懂得這一類「戰略」（胸有成竹），所以，老練的主持人，在任何大場面都能從容應付。論辯時也可以套用這個原理。

「擁有戰略」的事實，會使您鎮定若山、心有餘裕，這就等於勝了一半了。

・法律專欄連載・電腦編號58

台大法學院　法律學系／策劃
法律服務社／編著

1. 別讓您的權利睡著了 1		200元
2. 別讓您的權利睡著了 2		200元

・秘傳占卜系列・電腦編號14

1. 手相術	淺野八郎著	180元
2. 人相術	淺野八郎著	150元
3. 西洋占星術	淺野八郎著	180元
4. 中國神奇占卜	淺野八郎著	150元
5. 夢判斷	淺野八郎著	150元
6. 前世、來世占卜	淺野八郎著	150元
7. 法國式血型學	淺野八郎著	150元
8. 靈感、符咒學	淺野八郎著	150元
9. 紙牌占卜學	淺野八郎著	150元
10. ESP超能力占卜	淺野八郎著	150元
11. 猶太數的秘術	淺野八郎著	150元
12. 新心理測驗	淺野八郎著	160元
13. 塔羅牌預言秘法	淺野八郎著	200元

・趣味心理講座・電腦編號15

1. 性格測驗① 探索男與女	淺野八郎著	140元
2. 性格測驗② 透視人心奧秘	淺野八郎著	140元
3. 性格測驗③ 發現陌生的自己	淺野八郎著	140元
4. 性格測驗④ 發現你的真面目	淺野八郎著	140元
5. 性格測驗⑤ 讓你們吃驚	淺野八郎著	140元
6. 性格測驗⑥ 洞穿心理盲點	淺野八郎著	140元
7. 性格測驗⑦ 探索對方心理	淺野八郎著	140元
8. 性格測驗⑧ 由吃認識自己	淺野八郎著	160元
9. 性格測驗⑨ 戀愛知多少	淺野八郎著	160元
10. 性格測驗⑩ 由裝扮瞭解人心	淺野八郎著	160元

11. 性格測驗⑪ 敲開內心玄機	淺野八郎著	140 元
12. 性格測驗⑫ 透視你的未來	淺野八郎著	160 元
13. 血型與你的一生	淺野八郎著	160 元
14. 趣味推理遊戲	淺野八郎著	160 元
15. 行為語言解析	淺野八郎著	160 元

・婦 幼 天 地・電腦編號 16

1. 八萬人減肥成果	黃靜香譯	180 元
2. 三分鐘減肥體操	楊鴻儒譯	150 元
3. 窈窕淑女美髮秘訣	柯素娥譯	130 元
4. 使妳更迷人	成 玉譯	130 元
5. 女性的更年期	官舒妍編譯	160 元
6. 胎內育兒法	李玉瓊編譯	150 元
7. 早產兒袋鼠式護理	唐岱蘭譯	200 元
8. 初次懷孕與生產	婦幼天地編譯組	180 元
9. 初次育兒 12 個月	婦幼天地編譯組	180 元
10. 斷乳食與幼兒食	婦幼天地編譯組	180 元
11. 培養幼兒能力與性向	婦幼天地編譯組	180 元
12. 培養幼兒創造力的玩具與遊戲	婦幼天地編譯組	180 元
13. 幼兒的症狀與疾病	婦幼天地編譯組	180 元
14. 腿部苗條健美法	婦幼天地編譯組	180 元
15. 女性腰痛別忽視	婦幼天地編譯組	150 元
16. 舒展身心體操術	李玉瓊編譯	130 元
17. 三分鐘臉部體操	趙薇妮著	160 元
18. 生動的笑容表情術	趙薇妮著	160 元
19. 心曠神怡減肥法	川津祐介著	130 元
20. 內衣使妳更美麗	陳玄茹譯	130 元
21. 瑜伽美姿美容	黃靜香編著	180 元
22. 高雅女性裝扮學	陳珮玲譯	180 元
23. 蠶糞肌膚美顏法	坂梨秀子著	160 元
24. 認識妳的身體	李玉瓊譯	160 元
25. 產後恢復苗條體態	居理安・芙萊喬著	200 元
26. 正確護髮美容法	山崎伊久江著	180 元
27. 安琪拉美姿養生學	安琪拉蘭斯博瑞著	180 元
28. 女體性醫學剖析	增田豐著	220 元
29. 懷孕與生產剖析	岡部綾子著	180 元
30. 斷奶後的健康育兒	東城百合子著	220 元
31. 引出孩子幹勁的責罵藝術	多湖輝著	170 元
32. 培養孩子獨立的藝術	多湖輝著	170 元
33. 子宮肌瘤與卵巢囊腫	陳秀琳編著	180 元
34. 下半身減肥法	納他夏・史達賓著	180 元
35. 女性自然美容法	吳雅菁編著	180 元
36. 再也不發胖	池園悅太郎著	170 元

37. 生男生女控制術	中垣勝裕著	220 元
38. 使妳的肌膚更亮麗	楊　皓編著	170 元
39. 臉部輪廓變美	芝崎義夫著	180 元
40. 斑點、皺紋自己治療	高須克彌著	180 元
41. 面皰自己治療	伊藤雄康著	180 元
42. 隨心所欲瘦身冥想法	原久子著	180 元
43. 胎兒革命	鈴木丈織著	180 元
44. NS 磁氣平衡法塑造窈窕奇蹟	古屋和江著	180 元
45. 享瘦從腳開始	山田陽子著	180 元
46. 小改變瘦 4 公斤	宮本裕子著	180 元
47. 軟管減肥瘦身	高橋輝男著	180 元
48. 海藻精神秘美容法	劉名揚編著	180 元
49. 肌膚保養與脫毛	鈴木真理著	180 元
50. 10 天減肥 3 公斤	彤雲編輯組	180 元
51. 穿出自己的品味	西村玲子著	280 元

・青 春 天 地・電腦編號 17

1. A 血型與星座	柯素娥編譯	160 元
2. B 血型與星座	柯素娥編譯	160 元
3. O 血型與星座	柯素娥編譯	160 元
4. AB 血型與星座	柯素娥編譯	120 元
5. 青春期性教室	呂貴嵐編譯	130 元
6. 事半功倍讀書法	王毅希編譯	150 元
7. 難解數學破題	宋釗宜編譯	130 元
9. 小論文寫作秘訣	林顯茂編譯	120 元
11. 中學生野外遊戲	熊谷康編著	120 元
12. 恐怖極短篇	柯素娥編譯	130 元
13. 恐怖夜話	小毛驢編譯	130 元
14. 恐怖幽默短篇	小毛驢編譯	120 元
15. 黑色幽默短篇	小毛驢編譯	120 元
16. 靈異怪談	小毛驢編譯	130 元
17. 錯覺遊戲	小毛驢編著	130 元
18. 整人遊戲	小毛驢編著	150 元
19. 有趣的超常識	柯素娥編譯	130 元
20. 哦！原來如此	林慶旺編譯	130 元
21. 趣味競賽 100 種	劉名揚編譯	120 元
22. 數學謎題入門	宋釗宜編譯	150 元
23. 數學謎題解析	宋釗宜編譯	150 元
24. 透視男女心理	林慶旺編譯	120 元
25. 少女情懷的自白	李桂蘭編譯	120 元
26. 由兄弟姊妹看命運	李玉瓊編譯	130 元
27. 趣味的科學魔術	林慶旺編譯	150 元
28. 趣味的心理實驗室	李燕玲編譯	150 元

29. 愛與性心理測驗　小毛驢編譯　130元
30. 刑案推理解謎　小毛驢編譯　130元
31. 偵探常識推理　小毛驢編譯　130元
32. 偵探常識解謎　小毛驢編譯　130元
33. 偵探推理遊戲　小毛驢編譯　130元
34. 趣味的超魔術　廖玉山編著　150元
35. 趣味的珍奇發明　柯素娥編著　150元
36. 登山用具與技巧　陳瑞菊編著　150元
37. 性的漫談　蘇燕謀編著　180元
38. 無的漫談　蘇燕謀編著　180元
39. 黑色漫談　蘇燕謀編著　180元
40. 白色漫談　蘇燕謀編著　180元

・健康天地・電腦編號 18

1. 壓力的預防與治療　柯素娥編譯　130元
2. 超科學氣的魔力　柯素娥編譯　130元
3. 尿療法治病的神奇　中尾良一著　130元
4. 鐵證如山的尿療法奇蹟　廖玉山譯　120元
5. 一日斷食健康法　葉慈容編譯　150元
6. 胃部強健法　陳炳崑譯　120元
7. 癌症早期檢查法　廖松濤譯　160元
8. 老人痴呆症防止法　柯素娥編譯　130元
9. 松葉汁健康飲料　陳麗芬編譯　130元
10. 揉肚臍健康法　永井秋夫著　150元
11. 過勞死、猝死的預防　卓秀貞編譯　130元
12. 高血壓治療與飲食　藤山順豐著　150元
13. 老人看護指南　柯素娥編譯　150元
14. 美容外科淺談　楊啟宏著　150元
15. 美容外科新境界　楊啟宏著　150元
16. 鹽是天然的醫生　西英司郎著　140元
17. 年輕十歲不是夢　梁瑞麟譯　200元
18. 茶料理治百病　桑野和民著　180元
19. 綠茶治病寶典　桑野和民著　150元
20. 杜仲茶養顏減肥法　西田博著　150元
21. 蜂膠驚人療效　瀨長良三郎著　180元
22. 蜂膠治百病　瀨長良三郎著　180元
23. 醫藥與生活㈠　鄭炳全著　180元
24. 鈣長生寶典　落合敏著　180元
25. 大蒜長生寶典　木下繁太郎著　160元
26. 居家自我健康檢查　石川恭三著　160元
27. 永恆的健康人生　李秀鈴譯　200元
28. 大豆卵磷脂長生寶典　劉雪卿譯　150元
29. 芳香療法　梁艾琳譯　160元

30. 醋長生寶典	柯素娥譯	180 元
31. 從星座透視健康	席拉・吉蒂斯著	180 元
32. 愉悅自在保健學	野本二士夫著	160 元
33. 裸睡健康法	丸山淳士等著	160 元
34. 糖尿病預防與治療	藤田順豐著	180 元
35. 維他命長生寶典	菅原明子著	180 元
36. 維他命 C 新效果	鐘文訓編	150 元
37. 手、腳病理按摩	堤芳朗著	160 元
38. AIDS 瞭解與預防	彼得塔歇爾著	180 元
39. 甲殼質殼聚糖健康法	沈永嘉譯	160 元
40. 神經痛預防與治療	木下真男著	160 元
41. 室內身體鍛鍊法	陳炳崑編著	160 元
42. 吃出健康藥膳	劉大器編著	180 元
43. 自我指壓術	蘇燕謀編著	160 元
44. 紅蘿蔔汁斷食療法	李玉瓊編著	150 元
45. 洗心術健康秘法	竺翠萍編譯	170 元
46. 枇杷葉健康療法	柯素娥編譯	180 元
47. 抗衰血癒	楊啟宏著	180 元
48. 與癌搏鬥記	逸見政孝著	180 元
49. 冬蟲夏草長生寶典	高橋義博著	170 元
50. 痔瘡・大腸疾病先端療法	宮島伸宜著	180 元
51. 膠布治癒頑固慢性病	加瀨建造著	180 元
52. 芝麻神奇健康法	小林貞作著	170 元
53. 香煙能防止癡呆？	高田明和著	180 元
54. 穀菜食治癌療法	佐藤成志著	180 元
55. 貼藥健康法	松原英多著	180 元
56. 克服癌症調和道呼吸法	帶津良一著	180 元
57. B 型肝炎預防與治療	野村喜重郎著	180 元
58. 青春永駐養生導引術	早島正雄著	180 元
59. 改變呼吸法創造健康	原久子著	180 元
60. 荷爾蒙平衡養生秘訣	出村博著	180 元
61. 水美肌健康法	井戶勝富著	170 元
62. 認識食物掌握健康	廖梅珠編著	170 元
63. 痛風劇痛消除法	鈴木吉彥著	180 元
64. 酸莖菌驚人療效	上田明彥著	180 元
65. 大豆卵磷脂治現代病	神津健一著	200 元
66. 時辰療法—危險時刻凌晨 4 時	呂建強等著	180 元
67. 自然治癒力提升法	帶津良一著	180 元
68. 巧妙的氣保健法	藤平墨子著	180 元
69. 治癒 C 型肝炎	熊田博光著	180 元
70. 肝臟病預防與治療	劉名揚編著	180 元
71. 腰痛平衡療法	荒井政信著	180 元
72. 根治多汗症、狐臭	稻葉益巳著	220 元
73. 40 歲以後的骨質疏鬆症	沈永嘉譯	180 元

74. 認識中藥　松下一成著　180 元
75. 認識氣的科學　佐佐木茂美著　180 元
76. 我戰勝了癌症　安田伸著　180 元
77. 斑點是身心的危險信號　中野進著　180 元
78. 艾波拉病毒大震撼　玉川重德著　180 元
79. 重新還我黑髮　桑名隆一郎著　180 元
80. 身體節律與健康　林博史著　180 元
81. 生薑治萬病　石原結實著　180 元
82. 靈芝治百病　陳瑞東著　180 元
83. 木炭驚人的威力　大槻彰著　200 元
84. 認識活性氧　井土貴司著　180 元
85. 深海鮫治百病　廖玉山編著　180 元
86. 神奇的蜂王乳　井上丹治著　180 元
87. 卡拉 OK 健腦法　東潔著　180 元
88. 卡拉 OK 健康法　福田伴男著　180 元
89. 醫藥與生活(二)　鄭炳全著　200 元
90. 洋蔥治百病　宮尾興平著　180 元
91. 年輕 10 歲快步健康法　石塚忠雄著　180 元
92. 石榴的驚人神效　岡本順子著　180 元
93. 飲料健康法　白鳥早奈英著　180 元
94. 健康棒體操　劉名揚編譯　180 元
95. 催眠健康法　蕭京凌編著　180 元

・實用女性學講座・電腦編號 19

1. 解讀女性內心世界　島田一男著　150 元
2. 塑造成熟的女性　島田一男著　150 元
3. 女性整體裝扮學　黃靜香編著　180 元
4. 女性應對禮儀　黃靜香編著　180 元
5. 女性婚前必修　小野十傳著　200 元
6. 徹底瞭解女人　田口二州著　180 元
7. 拆穿女性謊言 88 招　島田一男著　200 元
8. 解讀女人心　島田一男著　200 元
9. 俘獲女性絕招　志賀貢著　200 元
10. 愛情的壓力解套　中村理英子著　200 元
11. 妳是人見人愛的女孩　廖松濤編著　200 元

・校園系列・電腦編號 20

1. 讀書集中術　多湖輝著　150 元
2. 應考的訣竅　多湖輝著　150 元
3. 輕鬆讀書贏得聯考　多湖輝著　150 元
4. 讀書記憶秘訣　多湖輝著　150 元

5.	視力恢復！超速讀術	江錦雲譯	180 元
6.	讀書 36 計	黃柏松編著	180 元
7.	驚人的速讀術	鐘文訓編著	170 元
8.	學生課業輔導良方	多湖輝著	180 元
9.	超速讀超記憶法	廖松濤編著	180 元
10.	速算解題技巧	宋釗宜編著	200 元
11.	看圖學英文	陳炳崑編著	200 元
12.	讓孩子最喜歡數學	沈永嘉譯	180 元
13.	催眠記憶術	林碧清譯	180 元

・實用心理學講座・電腦編號 21

1.	拆穿欺騙伎倆	多湖輝著	140 元
2.	創造好構想	多湖輝著	140 元
3.	面對面心理術	多湖輝著	160 元
4.	偽裝心理術	多湖輝著	140 元
5.	透視人性弱點	多湖輝著	140 元
6.	自我表現術	多湖輝著	180 元
7.	不可思議的人性心理	多湖輝著	180 元
8.	催眠術入門	多湖輝著	150 元
9.	責罵部屬的藝術	多湖輝著	150 元
10.	精神力	多湖輝著	150 元
11.	厚黑說服術	多湖輝著	150 元
12.	集中力	多湖輝著	150 元
13.	構想力	多湖輝著	150 元
14.	深層心理術	多湖輝著	160 元
15.	深層語言術	多湖輝著	160 元
16.	深層說服術	多湖輝著	180 元
17.	掌握潛在心理	多湖輝著	160 元
18.	洞悉心理陷阱	多湖輝著	180 元
19.	解讀金錢心理	多湖輝著	180 元
20.	拆穿語言圈套	多湖輝著	180 元
21.	語言的內心玄機	多湖輝著	180 元
22.	積極力	多湖輝著	180 元

・超現實心理講座・電腦編號 22

1.	超意識覺醒法	詹蔚芬編譯	130 元
2.	護摩秘法與人生	劉名揚編譯	130 元
3.	秘法！超級仙術入門	陸明譯	150 元
4.	給地球人的訊息	柯素娥編著	150 元
5.	密教的神通力	劉名揚編著	130 元
6.	神秘奇妙的世界	平川陽一著	200 元

7. 地球文明的超革命　吳秋嬌譯　200元
8. 力量石的秘密　吳秋嬌譯　180元
9. 超能力的靈異世界　馬小莉譯　200元
10. 逃離地球毀滅的命運　吳秋嬌譯　200元
11. 宇宙與地球終結之謎　南山宏著　200元
12. 驚世奇功揭秘　傅起鳳著　200元
13. 啟發身心潛力心象訓練法　栗田昌裕著　180元
14. 仙道術遁甲法　高藤聰一郎著　220元
15. 神通力的秘密　中岡俊哉著　180元
16. 仙人成仙術　高藤聰一郎著　200元
17. 仙道符咒氣功法　高藤聰一郎著　220元
18. 仙道風水術尋龍法　高藤聰一郎著　200元
19. 仙道奇蹟超幻像　高藤聰一郎著　200元
20. 仙道鍊金術房中法　高藤聰一郎著　200元
21. 奇蹟超醫療治癒難病　深野一幸著　220元
22. 揭開月球的神秘力量　超科學研究會　180元
23. 西藏密教奧義　高藤聰一郎著　250元
24. 改變你的夢術入門　高藤聰一郎著　250元

・養生保健・電腦編號 23

1. 醫療養生氣功　黃孝寬著　250元
2. 中國氣功圖譜　余功保著　230元
3. 少林醫療氣功精粹　井玉蘭著　250元
4. 龍形實用氣功　吳大才等著　220元
5. 魚戲增視強身氣功　宮　嬰著　220元
6. 嚴新氣功　前新培金著　250元
7. 道家玄牝氣功　張　章著　200元
8. 仙家秘傳袪病功　李遠國著　160元
9. 少林十大健身功　秦慶豐著　180元
10. 中國自控氣功　張明武著　250元
11. 醫療防癌氣功　黃孝寬著　250元
12. 醫療強身氣功　黃孝寬著　250元
13. 醫療點穴氣功　黃孝寬著　250元
14. 中國八卦如意功　趙維漢著　180元
15. 正宗馬禮堂養氣功　馬禮堂著　420元
16. 秘傳道家筋經內丹功　王慶餘著　280元
17. 三元開慧功　辛桂林著　250元
18. 防癌治癌新氣功　郭　林著　180元
19. 禪定與佛家氣功修煉　劉天君著　200元
20. 顛倒之術　梅自強著　360元
21. 簡明氣功辭典　吳家駿編　360元
22. 八卦三合功　張全亮著　230元
23. 朱砂掌健身養生功　楊永著　250元

24. 抗老功	陳九鶴著	230 元
25. 意氣按穴排濁自療法	黃啟運編著	250 元
26. 陳式太極拳養生功	陳正雷著	200 元
27. 健身祛病小功法	王培生著	200 元

・社會人智囊・電腦編號 24

1. 糾紛談判術	清水增三著	160 元
2. 創造關鍵術	淺野八郎著	150 元
3. 觀人術	淺野八郎著	180 元
4. 應急詭辯術	廖英迪編著	160 元
5. 天才家學習術	木原武一著	160 元
6. 貓型狗式鑑人術	淺野八郎著	180 元
7. 逆轉運掌握術	淺野八郎著	180 元
8. 人際圓融術	澀谷昌三著	160 元
9. 解讀人心術	淺野八郎著	180 元
10. 與上司水乳交融術	秋元隆司著	180 元
11. 男女心態定律	小田晉著	180 元
12. 幽默說話術	林振輝編著	200 元
13. 人能信賴幾分	淺野八郎著	180 元
14. 我一定能成功	李玉瓊譯	180 元
15. 獻給青年的嘉言	陳蒼杰譯	180 元
16. 知人、知面、知其心	林振輝編著	180 元
17. 塑造堅強的個性	坂上肇著	180 元
18. 為自己而活	佐藤綾子著	180 元
19. 未來十年與愉快生活有約	船井幸雄著	180 元
20. 超級銷售話術	杜秀卿譯	180 元
21. 感性培育術	黃靜香編著	180 元
22. 公司新鮮人的禮儀規範	蔡媛惠譯	180 元
23. 傑出職員鍛鍊術	佐佐木正著	180 元
24. 面談獲勝戰略	李芳黛譯	180 元
25. 金玉良言撼人心	森純大著	180 元
26. 男女幽默趣典	劉華亭編著	180 元
27. 機智說話術	劉華亭編著	180 元
28. 心理諮商室	柯素娥譯	180 元
29. 如何在公司崢嶸頭角	佐佐木正著	180 元
30. 機智應對術	李玉瓊編著	200 元
31. 克服低潮良方	坂野雄二著	180 元
32. 智慧型說話技巧	沈永嘉編著	180 元
33. 記憶力、集中力增進術	廖松濤編著	180 元
34. 女職員培育術	林慶旺編著	180 元
35. 自我介紹與社交禮儀	柯素娥編著	180 元
36. 積極生活創幸福	田中真澄著	180 元
37. 妙點子超構想	多湖輝著	180 元

38. 說NO的技巧	廖玉山編著	180元
39. 一流說服力	李玉瓊編著	180元
40. 般若心經成功哲學	陳鴻蘭編著	180元
41. 訪問推銷術	黃靜香編著	180元
42. 男性成功秘訣	陳蒼杰編著	180元
43. 笑容、人際智商	宮川澄子著	180元
44. 多湖輝的構想工作室	多湖輝著	200元
45. 名人名語啟示錄	喬家楓著	180元

・精選系列・電腦編號25

1. 毛澤東與鄧小平	渡邊利夫等著	280元
2. 中國大崩裂	江戶介雄著	180元
3. 台灣・亞洲奇蹟	上村幸治著	220元
4. 7-ELEVEN高盈收策略	國友隆一著	180元
5. 台灣獨立（新・中國日本戰爭一）	森詠著	200元
6. 迷失中國的末路	江戶雄介著	220元
7. 2000年5月全世界毀滅	紫藤甲子男著	180元
8. 失去鄧小平的中國	小島朋之著	220元
9. 世界史爭議性異人傳	桐生操著	200元
10. 淨化心靈享人生	松濤弘道著	220元
11. 人生心情診斷	賴藤和寬著	220元
12. 中美大決戰	檜山良昭著	220元
13. 黃昏帝國美國	莊雯琳譯	220元
14. 兩岸衝突（新・中國日本戰爭二）	森詠著	220元
15. 封鎖台灣（新・中國日本戰爭三）	森詠著	220元
16. 中國分裂（新・中國日本戰爭四）	森詠著	220元
17. 由女變男的我	虎井正衛著	200元
18. 佛學的安心立命	松濤弘道著	220元
19. 世界喪禮大觀	松濤弘道著	280元

・運動遊戲・電腦編號26

1. 雙人運動	李玉瓊譯	160元
2. 愉快的跳繩運動	廖玉山譯	180元
3. 運動會項目精選	王佑京譯	150元
4. 肋木運動	廖玉山譯	150元
5. 測力運動	王佑宗譯	150元
6. 游泳入門	唐桂萍編著	200元

・休閒娛樂・電腦編號27

1. 海水魚飼養法	田中智浩著	300元

2.	金魚飼養法	曾雪玫譯	250 元
3.	熱門海水魚	毛利匡明著	480 元
4.	愛犬的教養與訓練	池田好雄著	250 元
5.	狗教養與疾病	杉浦哲著	220 元
6.	小動物養育技巧	三上昇著	300 元
20.	園藝植物管理	船越亮二著	220 元

・銀髮族智慧學・電腦編號 28

1.	銀髮六十樂逍遙	多湖輝著	170 元
2.	人生六十反年輕	多湖輝著	170 元
3.	六十歲的決斷	多湖輝著	170 元
4.	銀髮族健身指南	孫瑞台編著	250 元

・飲 食 保 健・電腦編號 29

1.	自己製作健康茶	大海淳著	220 元
2.	好吃、具藥效茶料理	德永睦子著	220 元
3.	改善慢性病健康藥草茶	吳秋嬌譯	200 元
4.	藥酒與健康果菜汁	成玉編著	250 元
5.	家庭保健養生湯	馬汴梁編著	220 元
6.	降低膽固醇的飲食	早川和志著	200 元
7.	女性癌症的飲食	女子營養大學	280 元
8.	痛風者的飲食	女子營養大學	280 元
9.	貧血者的飲食	女子營養大學	280 元
10.	高脂血症者的飲食	女子營養大學	280 元
11.	男性癌症的飲食	女子營養大學	280 元
12.	過敏者的飲食	女子營養大學	280 元
13.	心臟病的飲食	女子營養大學	280 元
14.	滋陰壯陽的飲食	王增著	220 元

・家庭醫學保健・電腦編號 30

1.	女性醫學大全	雨森良彥著	380 元
2.	初為人父育兒寶典	小瀧周曹著	220 元
3.	性活力強健法	相建華著	220 元
4.	30 歲以上的懷孕與生產	李芳黛編著	220 元
5.	舒適的女性更年期	野末悅子著	200 元
6.	夫妻前戲的技巧	笠井寬司著	200 元
7.	病理足穴按摩	金慧明著	220 元
8.	爸爸的更年期	河野孝旺著	200 元
9.	橡皮帶健康法	山田晶著	180 元
10.	三十三天健美減肥	相建華等著	180 元

11. 男性健美入門	孫玉祿編著	180元
12. 強化肝臟秘訣	主婦の友社編	200元
13. 了解藥物副作用	張果馨譯	200元
14. 女性醫學小百科	松山榮吉著	200元
15. 左轉健康法	龜田修等著	200元
16. 實用天然藥物	鄭炳全編著	260元
17. 神秘無痛平衡療法	林宗駛著	180元
18. 膝蓋健康法	張果馨譯	180元
19. 針灸治百病	葛書翰著	250元
20. 異位性皮膚炎治癒法	吳秋嬌譯	220元
21. 禿髮白髮預防與治療	陳炳崑編著	180元
22. 埃及皇宮菜健康法	飯森薰著	200元
23. 肝臟病安心治療	上野幸久著	220元
24. 耳穴治百病	陳抗美等著	250元
25. 高效果指壓法	五十嵐康彥著	200元
26. 瘦水、胖水	鈴木園子著	200元
27. 手針新療法	朱振華著	200元
28. 香港腳預防與治療	劉小惠譯	200元
29. 智慧飲食吃出健康	柯富陽編著	200元
30. 牙齒保健法	廖玉山編著	200元
31. 恢復元氣養生食	張果馨譯	200元
32. 特效推拿按摩術	李玉田著	200元
33. 一週一次健康法	若狹真著	200元
34. 家常科學膳食	大塚滋著	220元
35. 夫妻們關心的男性不孕	原利夫著	220元
36. 自我瘦身美容	馬野詠子著	200元
37. 魔法姿勢益健康	五十嵐康彥著	200元
38. 眼病錘療法	馬栩周著	200元
39. 預防骨質疏鬆症	藤田拓男著	200元
40. 骨質增生效驗方	李吉茂編著	250元
41. 蕺菜健康法	小林正夫著	200元
42. 赧於啟齒的男性煩惱	增田豐著	220元
43. 簡易自我健康檢查	稻葉允著	250元
44. 實用花草健康法	友田純子著	200元
45. 神奇的手掌療法	日比野喬著	230元
46. 家庭式三大穴道療法	刑部忠和著	200元
47. 子宮癌、卵巢癌	岡島弘幸著	220元
48. 糖尿病機能性食品	劉雪卿編著	220元
49. 奇蹟活現經脈美容法	林振輝編譯	200元
50. Super SEX	秋好憲一著	220元
51. 了解避孕丸	林玉佩譯	200元

・超經營新智慧・電腦編號 31

1. 躍動的國家越南	林雅倩譯	250元
2. 甦醒的小龍菲律賓	林雅倩譯	220元
3. 中國的危機與商機	中江要介著	250元
4. 在印度的成功智慧	山內利男著	220元
5. 7-ELEVEN 大革命	村上豐道著	200元
6. 業務員成功秘方	呂育清編著	200元

・心 靈 雅 集・電腦編號 00

1. 禪言佛語看人生	松濤弘道著	180元
2. 禪密教的奧秘	葉逯謙譯	120元
3. 觀音大法力	田口日勝著	120元
4. 觀音法力的大功德	田口日勝著	120元
5. 達摩禪 106 智慧	劉華亭編譯	220元
6. 有趣的佛教研究	葉逯謙編譯	170元
7. 夢的開運法	蕭京凌譯	130元
8. 禪學智慧	柯素娥編譯	130元
9. 女性佛教入門	許俐萍譯	110元
10. 佛像小百科	心靈雅集編譯組	130元
11. 佛教小百科趣談	心靈雅集編譯組	120元
12. 佛教小百科漫談	心靈雅集編譯組	150元
13. 佛教知識小百科	心靈雅集編譯組	150元
14. 佛學名言智慧	松濤弘道著	220元
15. 釋迦名言智慧	松濤弘道著	220元
16. 活人禪	平田精耕著	120元
17. 坐禪入門	柯素娥編譯	150元
18. 現代禪悟	柯素娥編譯	130元
19. 道元禪師語錄	心靈雅集編譯組	130元
20. 佛學經典指南	心靈雅集編譯組	130元
21. 何謂「生」阿含經	心靈雅集編譯組	150元
22. 一切皆空　般若心經	心靈雅集編譯組	180元
23. 超越迷惘　法句經	心靈雅集編譯組	130元
24. 開拓宇宙觀　華嚴經	心靈雅集編譯組	180元
25. 真實之道　法華經	心靈雅集編譯組	130元
26. 自由自在　涅槃經	心靈雅集編譯組	130元
27. 沈默的教示　維摩經	心靈雅集編譯組	150元
28. 開通心眼　佛語佛戒	心靈雅集編譯組	130元
29. 揭秘寶庫　密教經典	心靈雅集編譯組	180元
30. 坐禪與養生	廖松濤譯	110元
31. 釋尊十戒	柯素娥編譯	120元
32. 佛法與神通	劉欣如編著	120元

33. 悟（正法眼藏的世界）	柯素娥編譯	120 元
34. 只管打坐	劉欣如編著	120 元
35. 喬答摩・佛陀傳	劉欣如編著	120 元
36. 唐玄奘留學記	劉欣如編著	120 元
37. 佛教的人生觀	劉欣如編譯	110 元
38. 無門關(上卷)	心靈雅集編譯組	150 元
39. 無門關(下卷)	心靈雅集編譯組	150 元
40. 業的思想	劉欣如編著	130 元
41. 佛法難學嗎	劉欣如著	140 元
42. 佛法實用嗎	劉欣如著	140 元
43. 佛法殊勝嗎	劉欣如著	140 元
44. 因果報應法則	李常傳編	180 元
45. 佛教醫學的奧秘	劉欣如編著	150 元
46. 紅塵絕唱	海　若著	130 元
47. 佛教生活風情	洪丕謨、姜玉珍著	220 元
48. 行住坐臥有佛法	劉欣如著	160 元
49. 起心動念是佛法	劉欣如著	160 元
50. 四字禪語	曹洞宗青年會	200 元
51. 妙法蓮華經	劉欣如編著	160 元
52. 根本佛教與大乘佛教	葉作森編	180 元
53. 大乘佛經	定方晟著	180 元
54. 須彌山與極樂世界	定方晟著	180 元
55. 阿闍世的悟道	定方晟著	180 元
56. 金剛經的生活智慧	劉欣如著	180 元
57. 佛教與儒教	劉欣如編譯	180 元
58. 佛教史入門	劉欣如編譯	180 元
59. 印度佛教思想史	劉欣如編譯	200 元
60. 佛教與女性	劉欣如編譯	180 元
61. 禪與人生	洪丕謨主編	260 元

・經 營 管 理・電腦編號 01

◎ 創新經營管理六十六大計(精)	蔡弘文編	780 元
1. 如何獲取生意情報	蘇燕謀譯	110 元
2. 經濟常識問答	蘇燕謀譯	130 元
4. 台灣商戰風雲錄	陳中雄著	120 元
5. 推銷大王秘錄	原一平著	180 元
6. 新創意・賺大錢	王家成譯	90 元
7. 工廠管理新手法	琪　輝著	120 元
10. 美國實業 24 小時	柯順隆譯	80 元
11. 撼動人心的推銷法	原一平著	150 元
12. 高竿經營法	蔡弘文編	120 元
13. 如何掌握顧客	柯順隆譯	150 元
17. 一流的管理	蔡弘文編	150 元

18. 外國人看中韓經濟	劉華亭譯	150元
20. 突破商場人際學	林振輝編著	90元
22. 如何使女人打開錢包	林振輝編著	100元
24. 小公司經營策略	王嘉誠著	160元
25. 成功的會議技巧	鐘文訓編譯	100元
26. 新時代老闆學	黃柏松編著	100元
27. 如何創造商場智囊團	林振輝編譯	150元
28. 十分鐘推銷術	林振輝編譯	180元
29. 五分鐘育才	黃柏松編譯	100元
33. 自我經濟學	廖松濤編譯	100元
34. 一流的經營	陶田生編著	120元
35. 女性職員管理術	王昭國編譯	120元
36. ＩＢＭ的人事管理	鐘文訓編譯	150元
37. 現代電腦常識	王昭國編譯	150元
38. 電腦管理的危機	鐘文訓編譯	120元
39. 如何發揮廣告效果	王昭國編譯	150元
40. 最新管理技巧	王昭國編譯	150元
41. 一流推銷術	廖松濤編譯	150元
42. 包裝與促銷技巧	王昭國編譯	130元
43. 企業王國指揮塔	松下幸之助著	120元
44. 企業精銳兵團	松下幸之助著	120元
45. 企業人事管理	松下幸之助著	100元
46. 華僑經商致富術	廖松濤編譯	130元
47. 豐田式銷售技巧	廖松濤編譯	180元
48. 如何掌握銷售技巧	王昭國編著	130元
50. 洞燭機先的經營	鐘文訓編譯	150元
52. 新世紀的服務業	鐘文訓編譯	100元
53. 成功的領導者	廖松濤編譯	120元
54. 女推銷員成功術	李玉瓊編譯	130元
55. ＩＢＭ人才培育術	鐘文訓編譯	100元
56. 企業人自我突破法	黃琪輝編著	150元
58. 財富開發術	蔡弘文編著	130元
59. 成功的店舗設計	鐘文訓編著	150元
61. 企管回春法	蔡弘文編著	130元
62. 小企業經營指南	鐘文訓編譯	100元
63. 商場致勝名言	鐘文訓編譯	150元
64. 迎接商業新時代	廖松濤編譯	100元
66. 新手股票投資入門	何朝乾編著	200元
67. 上揚股與下跌股	何朝乾編譯	180元
68. 股票速成學	何朝乾編譯	200元
69. 理財與股票投資策略	黃俊豪編著	180元
70. 黃金投資策略	黃俊豪編著	180元
71. 厚黑管理學	廖松濤編譯	180元
72. 股市致勝格言	呂梅莎編譯	180元

73. 透視西武集團	林谷燁編譯	150 元
76. 巡迴行銷術	陳蒼杰譯	150 元
77. 推銷的魔術	王嘉誠譯	120 元
78. 60 秒指導部屬	周蓮芬編譯	150 元
79. 精銳女推銷員特訓	李玉瓊編譯	130 元
80. 企劃、提案、報告圖表的技巧	鄭汶譯	180 元
81. 海外不動產投資	許達守編譯	150 元
82. 八百伴的世界策略	李玉瓊譯	150 元
83. 服務業品質管理	吳宜芬譯	180 元
84. 零庫存銷售	黃東謙編譯	150 元
85. 三分鐘推銷管理	劉名揚編譯	150 元
86. 推銷大王奮鬥史	原一平著	150 元
87. 豐田汽車的生產管理	林谷燁編譯	150 元

・成 功 寶 庫・電腦編號 02

1. 上班族交際術	江森滋著	100 元
2. 拍馬屁訣竅	廖玉山編譯	110 元
4. 聽話的藝術	歐陽輝編譯	110 元
9. 求職轉業成功術	陳義編著	110 元
10. 上班族禮儀	廖玉山編著	120 元
11. 接近心理學	李玉瓊編著	100 元
12. 創造自信的新人生	廖松濤編著	120 元
15. 神奇瞬間瞑想法	廖松濤編譯	100 元
16. 人生成功之鑰	楊意苓編著	150 元
19. 給企業人的諍言	鐘文訓編著	120 元
20. 企業家自律訓練法	陳義編譯	100 元
21. 上班族妖怪學	廖松濤編著	100 元
22. 猶太人縱橫世界的奇蹟	孟佑政編著	110 元
25. 你是上班族中強者	嚴思圖編著	100 元
30. 成功頓悟 100 則	蕭京凌編譯	130 元
32. 知性幽默	李玉瓊編譯	130 元
33. 熟記對方絕招	黃靜香編譯	100 元
37. 察言觀色的技巧	劉華亭編著	180 元
38. 一流領導力	施義彥編譯	120 元
40. 30 秒鐘推銷術	廖松濤編譯	150 元
41. 猶太成功商法	周蓮芬編譯	120 元
42. 尖端時代行銷策略	陳蒼杰編著	100 元
43. 顧客管理學	廖松濤編著	100 元
44. 如何使對方說 Yes	程羲編著	150 元
47. 上班族口才學	楊鴻儒譯	120 元
48. 上班族新鮮人須知	程羲編著	120 元
49. 如何左右逢源	程羲編著	130 元
50. 語言的心理戰	多湖輝著	130 元

55. 性惡企業管理學	陳蒼杰譯	130元
56. 自我啟發200招	楊鴻儒編著	150元
57. 做個傑出女職員	劉名揚編著	130元
58. 靈活的集團營運術	楊鴻儒編著	120元
60. 個案研究活用法	楊鴻儒編著	130元
61. 企業教育訓練遊戲	楊鴻儒編著	120元
62. 管理者的智慧	程義編譯	130元
63. 做個佼佼管理者	馬筱莉編譯	130元
67. 活用禪學於企業	柯素娥編譯	130元
69. 幽默詭辯術	廖玉山編譯	150元
70. 拿破崙智慧箴言	柯素娥編譯	130元
71. 自我培育・超越	蕭京凌編譯	150元
74. 時間即一切	沈永嘉編譯	130元
75. 自我脫胎換骨	柯素娥譯	150元
76. 贏在起跑點　人才培育鐵則	楊鴻儒編譯	150元
77. 做一枚活棋	李玉瓊編譯	130元
78. 面試成功戰略	柯素娥編譯	130元
81. 瞬間攻破心防法	廖玉山編譯	120元
82. 改變一生的名言	李玉瓊編譯	130元
83. 性格性向創前程	楊鴻儒編譯	130元
84. 訪問行銷新竅門	廖玉山編譯	150元
85. 無所不達的推銷話術	李玉瓊編譯	150元

・處　世　智　慧・電腦編號 03

1. 如何改變你自己	陸明編譯	120元
6. 靈感成功術	譚繼山編譯	80元
8. 扭轉一生的五分鐘	黃柏松編譯	100元
10. 現代人的詭計	林振輝譯	100元
13. 口才必勝術	黃柏松編譯	120元
14. 女性的智慧	譚繼山編譯	90元
16. 人生的體驗	陸明編譯	80元
18. 幽默吹牛術	金子登著	90元
19. 攻心說服術	多湖輝著	100元
24. 慧心良言	亦奇著	80元
25. 名家慧語	蔡逸鴻主編	90元
28. 如何發揮你的潛能	陸明編譯	90元
29. 女人身態語言學	李常傳譯	130元
30. 摸透女人心	張文志譯	90元
32. 給女人的悄悄話	妮倩編譯	90元
34. 如何開拓快樂人生	陸明編譯	90元
36. 成功的捷徑	鐘文訓譯	70元
37. 幽默逗笑術	林振輝著	120元
38. 活用血型讀書法	陳炳崑譯	80元

39. 心　燈	葉于模著	100元
40. 當心受騙	林顯茂譯	90元
41. 心・體・命運	蘇燕謀譯	70元
43. 宮本武藏五輪書金言錄	宮本武藏著	100元
47. 成熟的愛	林振輝譯	120元
48. 現代女性駕馭術	蔡德華著	90元
49. 禁忌遊戲	酒井潔著	90元
52. 摸透男人心	劉華亭編譯	80元
53. 如何達成願望	謝世輝著	90元
54. 創造奇蹟的「想念法」	謝世輝著	90元
55. 創造成功奇蹟	謝世輝著	90元
57. 幻想與成功	廖松濤譯	80元
58. 反派角色的啟示	廖松濤編譯	70元
59. 現代女性須知	劉華亭編著	75元
62. 如何突破內向	姜倩怡編譯	110元
64. 讀心術入門	王家成編譯	100元
65. 如何解除內心壓力	林美羽編著	110元
66. 取信於人的技巧	多湖輝著	110元
68. 自我能力的開拓	卓一凡編著	110元
70. 縱橫交涉術	嚴思圖編著	90元
71. 如何培養妳的魅力	劉文珊編著	90元
75. 個性膽怯者的成功術	廖松濤編譯	100元
76. 人性的光輝	文可式編著	90元
79. 培養靈敏頭腦秘訣	廖玉山編著	90元
80. 夜晚心理術	鄭秀美編譯	80元
81. 如何做個成熟的女性	李玉瓊編著	80元
82. 現代女性成功術	劉文珊編著	90元
83. 成功說話技巧	梁惠珠編譯	100元
84. 人生的真諦	鐘文訓編譯	100元
85. 妳是人見人愛的女孩	廖松濤編著	120元
87. 指尖・頭腦體操	蕭京凌編譯	90元
88. 電話應對禮儀	蕭京凌編著	120元
89. 自我表現的威力	廖松濤編譯	100元
90. 名人名語啟示錄	喬家楓編著	100元
91. 男與女的哲思	程鐘梅編譯	110元
92. 靈思慧語	牧風著	110元
93. 心靈夜語	牧風著	100元
94. 激盪腦力訓練	廖松濤編譯	100元
95. 三分鐘頭腦活性法	廖玉山編譯	110元
96. 星期一的智慧	廖玉山編譯	100元
97. 溝通說服術	賴文琇編譯	100元

・健康與美容・電腦編號 04

3. 媚酒傳(中國王朝秘酒)	陸明主編	120 元
5. 中國回春健康術	蔡一藩著	100 元
6. 奇蹟的斷食療法	蘇燕謀譯	130 元
8. 健美食物法	陳炳崑譯	120 元
9. 驚異的漢方療法	唐龍編著	90 元
10. 不老強精食	唐龍編著	100 元
12. 五分鐘跳繩健身法	蘇明達譯	100 元
13. 睡眠健康法	王家成譯	80 元
14. 你就是名醫	張芳明譯	90 元
19. 釋迦長壽健康法	譚繼山譯	90 元
20. 腳部按摩健康法	譚繼山譯	120 元
21. 自律健康法	蘇明達譯	90 元
23. 身心保健座右銘	張仁福著	160 元
24. 腦中風家庭看護與運動治療	林振輝譯	100 元
25. 秘傳醫學人相術	成玉主編	120 元
26. 導引術入門(1)治療慢性病	成玉主編	110 元
27. 導引術入門(2)健康・美容	成玉主編	110 元
28. 導引術入門(3)身心健康法	成玉主編	110 元
29. 妙用靈藥・蘆薈	李常傳譯	150 元
30. 萬病回春百科	吳通華著	150 元
31. 初次懷孕的 10 個月	成玉編譯	130 元
32. 中國秘傳氣功治百病	陳炳崑編譯	130 元
35. 仙人長生不老學	陸明編譯	100 元
36. 釋迦秘傳米粒刺激法	鐘文訓譯	120 元
37. 痔・治療與預防	陸明編譯	130 元
38. 自我防身絕技	陳炳崑編譯	120 元
39. 運動不足時疲勞消除法	廖松濤譯	110 元
40. 三溫暖健康法	鐘文訓編譯	90 元
43. 維他命與健康	鐘文訓譯	150 元
45. 森林浴一綠的健康法	劉華亭編譯	80 元
47. 導引術入門(4)酒浴健康法	成玉主編	90 元
48. 導引術入門(5)不老回春法	成玉主編	90 元
49. 山白竹(劍竹)健康法	鐘文訓譯	90 元
50. 解救你的心臟	鐘文訓編譯	100 元
52. 超人氣功法	陸明編譯	110 元
54. 借力的奇蹟(1)	力拔山著	100 元
55. 借力的奇蹟(2)	力拔山著	100 元
56. 五分鐘小睡健康法	呂添發撰	120 元
59. 艾草健康法	張汝明編譯	90 元
60. 一分鐘健康診斷	蕭京凌編譯	90 元
61. 念術入門	黃靜香編譯	90 元

62. 念術健康法	黃靜香編譯	90元
63. 健身回春法	梁惠珠編譯	100元
64. 姿勢養生法	黃秀娟編譯	90元
65. 仙人瞑想法	鐘文訓譯	120元
66. 人蔘的神效	林慶旺譯	100元
67. 奇穴治百病	吳通華著	120元
68. 中國傳統健康法	靳海東著	100元
71. 酵素健康法	楊皓編譯	120元
73. 腰痛預防與治療	五味雅吉著	130元
74. 如何預防心臟病・腦中風	譚定長等著	100元
75. 少女的生理秘密	蕭京凌譯	120元
76. 頭部按摩與針灸	楊鴻儒譯	100元
77. 雙極療術入門	林聖道著	100元
78. 氣功自療法	梁景蓮著	120元
79. 大蒜健康法	李玉瓊編譯	120元
81. 健胸美容秘訣	黃靜香譯	120元
82. 鍺奇蹟療效	林宏儒譯	120元
83. 三分鐘健身運動	廖玉山譯	120元
84. 尿療法的奇蹟	廖玉山譯	120元
85. 神奇的聚積療法	廖玉山譯	120元
86. 預防運動傷害伸展體操	楊鴻儒編譯	120元
88. 五日就能改變你	柯素娥譯	110元
89. 三分鐘氣功健康法	陳美華譯	120元
91. 道家氣功術	早島正雄著	130元
92. 氣功減肥術	早島正雄著	120元
93. 超能力氣功法	柯素娥譯	130元
94. 氣的瞑想法	早島正雄著	120元

・家 庭／生 活・電腦編號 05

1. 單身女郎生活經驗談	廖玉山編著	100元
2. 血型・人際關係	黃靜編著	120元
3. 血型・妻子	黃靜編著	110元
4. 血型・丈夫	廖玉山編譯	130元
5. 血型・升學考試	沈永嘉編譯	120元
6. 血型・臉型・愛情	鐘文訓編譯	120元
7. 現代社交須知	廖松濤編譯	100元
8. 簡易家庭按摩	鐘文訓編譯	150元
9. 圖解家庭看護	廖玉山編譯	120元
10. 生男育女隨心所欲	岡正基編著	160元
11. 家庭急救治療法	鐘文訓編著	100元
12. 新孕婦體操	林曉鐘譯	120元
13. 從食物改變個性	廖玉山編譯	100元
14. 藥草的自然療法	東城百合子著	200元

國家圖書館出版品預行編目資料

口才必勝術／黃柏松編著，2版
－臺北市，大展，民88
267面；21公分－（社會人智囊；46）
ISBN 957-557-909-7（平裝）
1.口才 2.辯論

192.32　　88002046

口才必勝術

ISBN 957-557-909-7

編著者／黃柏松
發行人／蔡森明
出版者／大展出版社有限公司
社　址／台北市北投區（石牌）致遠一路2段12巷1號
電　話／(02) 28236031・28236033
傳　真／(02) 28272069
郵政劃撥／0166955—1
登記證／局版臺業字第2171號
承印者／國順圖書印刷公司
裝　訂／嶸興裝訂有限公司
排版者／千兵企業有限公司
電　話／(02) 28812643
初版1刷／1982年（民71年）6月
2版1刷／1999年（民88年）4月

定　價／220元

大展好書 好書大展

大展好書 好書大展